LA BIBLIA DE LA COCINA ITALO-JAPONESA

100 INCREÍBLES RECETAS QUE MEZCLAN CON MAESTRÍA LO MEJOR DE AMBAS CULTURAS CULINARIAS

PUESTO DE QUINN

Reservados todos los derechos.

Descargo de responsabilidad

La información contenida en este libro electrónico pretende servir como una colección integral de estrategias sobre las que el autor de este libro electrónico ha investigado. Los resúmenes, estrategias, consejos y trucos solo son recomendados por el autor, y leer este libro electrónico no garantiza que los resultados de uno reflejen exactamente los resultados del autor. El autor del eBook ha realizado todos los esfuerzos razonables para proporcionar información actualizada y precisa a los lectores del eBook. El autor y sus asociados no se hacen responsables de cualquier error u omisión no intencional que pueda encontrarse. El material del eBook puede incluir información de terceros. Los materiales de terceros comprenden opiniones expresadas por sus propietarios. Como tal, el autor del libro electrónico no asume responsabilidad alguna por ningún material u opiniones de terceros.

El libro electrónico tiene derechos de autor © 2022 con todos los derechos reservados. Es ilegal redistribuir, copiar o crear trabajos derivados de este libro electrónico en su totalidad o en parte. Ninguna parte de este informe puede ser reproducida o retransmitida de ninguna forma sin el permiso expreso y firmado por escrito del autor.

TABLA DE CONTENIDO

TABLA DE CONTENIDO 3

INTRODUCCIÓN 8

SUSHI 13

   1. Rollitos de sushi italiano 14

   2. Sushi de prosciutto italiano 17

   3. Sushi Italiano con Arroz Arborio 20

   4. Sushi italiano con salsa marsala japonesa 22

   5. Sushi Vegano Estilo Italiano 26

   6. sushi de espagueti 29

   7. Risotto envuelto en verduras 32

   8. Rollitos de pepperoni italianos 35

   9. Sushi Temari Italiano 38

   10. Sashimi de jurel en adobo de mostaza 42

PASTAS Y RAMEN 45

   11. Pasta de miso con leche de soja y sopa de miso 46

   12. Pasta picante de ajo y aceite con Aonori 48

   13. Pasta cremosa de champiñones y tocino 51

   14. ¡Pasta con un toque japonés-italiano! 55

   15. Espaguetis napolitanos con ketchup 58

   16. Pasta con salsa de carne y chile 61

   17. Carbonara de ramen con queso 64

   18. Lasaña de ramen 67

   19. Ensalada de repollo Fusion Ramen 70

   20. ramen italiano 73

21. Sartén de ramen italiano con carne 77

22. Ramen italiano de invierno 80

23. Tazón de fideos ramen de pollo al estilo italiano 85

24. Ñoquis con Salsa de Tomate 89

25. espaguetis japoneses 92

PIZZA 95

26. pizza ramen 96

27. bolas de pizza 99

28. Falso pizza ramen de pepperoni 102

29. pizza japonesa 105

30. Pizza Okonomiyaki 108

31. Pizza japonesa con masa de queso 111

32. Pizza Calzone Japonesa 114

33. Tostada de pizza al estilo japonés 117

SOPAS Y CALDOS 120

34. Sopa De Conchas De Pasta Al Romero 121

35. Sopa de pasta de campana 124

36. Sopa De Tomate Seco Ahumado 126

37. Sopa picante y amarga china 129

38. caldo tonyu 131

39. caldo de miso 133

40. caldo dashi 136

41. caldo tonkotsu 138

42. caldo shoyu 142

43. caldo shio 145

44. Caldo dashi vegano 148

45. Caldo Kotteri vegetariano 150

46. Caldo de verduras umami 153

47. Sopa de Cebolla Clara 156

RISOTTO 159

48. Risotto balsámico 160

49. Risotto de arándanos con boletus 163

50. Risotto de zanahoria y brócoli 166

51. Risotto de rebozuelos 169

52. Risotto de boletus y trufa 172

53. Risotto Puschlaver 175

54. Risotto con champán 178

55. Risotto de setas con pecorino 181

56. Risotto de arroz salvaje y setas 184

57. Risotto de champiñones y espinacas 187

58. Pastel De Risotto Con Champiñones 190

59. Risotto de huevo y brotes de soja 193

60. Risotto de tomate y champiñones 196

61. Risotto de espárragos y champiñones 200

62. Risotto con verduras de otoño 203

63. risotto vegano 206

LASAÑA 210

64. Lasaña de Tofu con Carne Picada y Berenjenas 211

65. Conchas De Pasta Rellenas Caprese 214

66. Bucatini con Pesto y Patatas Dulces 217

67. Horneado Alfredo De Pollo Búfalo 220

68. macarrones con queso y queso 223

69. Pajaritas Cremosas De Pollo Y Pesto De Brócoli 226

70. Espaguetis con Cebolla Roja y Tocino 229

71. Pasta Con Salchicha Y Brócoli Rabe 231

72. Macarrones con queso gruyere 234

73. Espaguetis de trigo integral con tomates cherry 237

74. Fettuccine Alfredo 240

75. Macarrones con queso con pollo 242

76. Rigatoni con salchicha, guisantes y champiñones 246

77. Penne clásico a la vodka 249

78. Cazuela De Langosta Y Fideos 252

79. Pajaritas con Salchicha, Tomates y Nata 256

80. Pavo y Porcini Tetrazzini 259

81. Pasta con Tomate y Mozzarella 262

82. Pasta cremosa de camarones al pesto 265

83. Tortellini De Espinaca Y Tomate 268

84. Pasta de pollo cajún 271

85. Camarones A La Pimienta Alfredo 274

86. Lasaña Verde 277

87. Lasaña de Champiñones con Calabaza 280

88. Cuscús Palestino 284

89. Manicotti rellenos de acelgas 288

90. Manicotti De Espinacas Y Salsa De Nueces 291

91. Pasta Rellena De Berenjena Y Tempeh 294

92. Ravioli De Calabaza Con Guisantes 297

93. Ravioli De Alcachofa Y Nueces 301

CARPACCIO 305

94. Carpaccio de rabo amarillo japonés 306

95. Carpaccio de lenguado japonés 308

96. Lenguado Japonés Sakura Carpaccio 310

97. Carpaccio de Nabo al Estilo Japonés 312

98. Carpaccio de Ternera, Estilo Japonés 314

99. Carpaccio de tataki de ternera 317

100. Carpaccio de Kanpachi (Kanpaccio) 320

CONCLUSIÓN 323

INTRODUCCIÓN

¿Qué es itameshi?

¿Qué imaginas cuando piensas en la cocina japonesa o en la comida italiana? Tienen mucho en común, desde el respeto de los ingredientes que hablan hasta el uso de lo mejor para elaborar platos que crean recuerdos. Se trata de la forma en que se hace, su historia y los ingredientes.

Aunque la mayoría de la gente se ha enterado recientemente de itameshi, que significa "comida italiana" en japonés, las dos cocinas han disfrutado de un matrimonio feliz en Japón durante mucho, mucho tiempo. Y aunque algunos de los ingredientes pueden parecer familiares (espaguetis al dente, salsa de carne con trozos, raviolis rellenos, cortezas de pizza delgadas y crujientes), los platos son innegablemente japoneses, y se les agregan algas, salsa de soya, champiñones y todo tipo de pescado para darle ese toque. inconfundible umami japonés.

Tanto la cocina japonesa como la italiana comparten elementos comunes, sobre todo, un énfasis en la estacionalidad y la simplicidad. La comida italo-japonesa aporta su característica atención al detalle, y un toque ligero y delicado. De manera similar a la forma en que la comida francesa ha impregnado la cocina japonesa, la comida italiana se representa fielmente y se le dan acentos japoneses, por ejemplo, incorpora ingredientes locales como mentaiko, yuzu cítrico, jengibre nativo de myoga, hoja de shiso y sakura ebi.

Pilares de la comida japonesa-italiana

A. **Pizza:** La pizza también es un elemento básico de la comida italiana en Japón, donde se presenta tanto en formas más tradicionales como en una variedad de interpretaciones exclusivamente japonesas. en Kioto tiene una 'Pizza casera de caballa en escabeche con aceite', que se cubre con salsa de tomate y filetes enteros de caballa que ellos mismos encurten en su propia cocina. Olive in Aichi sirve una pizza de camarones y mayonesa, una popular combinación de pizza japonesa con una rica base de tomate cubierta con langostinos tiernos y dulces, unidos y mejorados con mayonesa japonesa cremosa y umami.

B. **Carpaccio:** El carpaccio es un plato de carne cruda como pescado, ternera, venado o verduras, normalmente condimentado con limón o vinagre, aceite de oliva, sal y pimienta molida, pero puede tener condimentos adicionales y más elaborados como queso, hierbas y trufas. El carpaccio de pescado y el sashimi japonés comparten suficientes similitudes como para que el plato encaje a la perfección en la cocina japonesa, convirtiéndose en una parte maravillosa de la mezcla de comida japonesa e italiana. Simple en sus componentes, el carpaccio, como el sashimi, requiere ingredientes extremadamente frescos y bien presentados.

C. **Pasta:** En un país repleto de abundantes platos de fideos, no sorprende que los platos de pasta italiana sean muy populares en Japón. Vienen servidos calientes, fríos, delgados, gruesos y con una gran variedad en Ingredientes y estilos. Aunque hay muchos restaurantes italianos en Japón que sirven las variedades más tradicionales, de hecho existe un género completo llamado pasta wafu, que significa pasta al estilo japonés, que toma muy en serio la fusión de comida japonesa e italiana.

D. **Ravioles:** Una de las más conocidas de las cientos de variedades de pasta italiana, los ravioles, cuyo nombre en realidad proviene de riavvolgere, que significa "envolver", están hechos de láminas de pasta, envueltas alrededor de un centro rebosante de puré de verduras, pescado, carne, queso, hierbas o una combinación, luego se hierve y se sirve con una salsa.

E. **Risotto:** El arroz ha sido un elemento básico de la dieta japonesa a lo largo de los siglos, tanto que las comidas toman su nombre del arroz (asagohan, hirugohan, bangohan, "arroz de la mañana", "arroz del almuerzo" y "arroz de la cena", respectivamente). El risotto es un plato básico de arroz italiano y ha sido adoptado con los brazos abiertos como parte de la fusión de comida italo-japonesa.

F. **antipasto:** Los antipasto son los alimentos que se ofrecen antes de una comida, el equivalente italiano de los hors d'oeuvres franceses, y literalmente significa "antes de la pasta". Los alimentos que se sirven como antipasto están diseñados para estimular el apetito y las papilas gustativas sin llenar el estómago. Por lo general, son pequeños, muy coloridos, con variaciones en la textura y se sirven fríos o a temperatura ambiente.

G. **Brodo:** Brodo es una palabra italiana que significa 'caldo' y se puede comparar con el dashi japonés como un caldo sabroso que es el bloque de construcción fundamental para muchos platos. Al igual que el dashi, también se puede servir como sopa con varios ingredientes añadidos. Finalmente, del mismo modo que el dashi proviene de una mezcla de ingredientes básicos como kombu, hojuelas de bonito, sardinas secas, hongos shiitake, el brodo se puede elaborar a partir de una variedad igualmente diversa de mariscos, carne de res, vegetales y pollo. Vineria tv b en Kioto tiene un plato de Raw Sea Urchin y Young Shoots Bavettine, en el que brodo pesce (caldo de mariscos) es un elemento clave. Trattoria Siciliana Don Ciccio en Omotesando sirve Frittula, un plato primaveral de guisantes, habas y alcachofas cocidos a fuego lento en un ligero brodo.

H. **Lasaña:** La lasaña, un plato al horno de capas alternas de láminas de pasta, carne y queso, es una comida reconfortante italiana pura y uno de los estilos de pasta más antiguos; también es un pilar de la comida italiana en Japón. Tradicionalmente, los ingredientes en capas con la pasta son ragú de carne y salsa bechamel, terminado con Parmigiano-Reggiano, pero en su lugar puede incluir cualquier mezcla de verduras como champiñones, calabacín y calabaza, y queso como ricotta y mozzarella.

SUSHI

1. Rollitos de sushi italiano

Porciones: 2

Ingredientes

- 2 pizcas de sal marina
- 1/2 taza de pasta ancini di pepe
- 2 cucharadas de aderezo italiano cremoso
- 2 tortillas de trigo integral
- 4 rebanadas de queso provolone
- 6 lonchas de salami de Génova
- 6 rebanadas de pepperoni para sándwich
- 4 rebanadas capicola
- 2 puñados de espinacas baby

Direcciones

a) Pon a hervir agua en una olla y sazónala con unas pizcas de sal marina.

b) Agregue la pasta ancini di pepe y cocine de acuerdo con las instrucciones del paquete (aproximadamente 9 minutos).

c) Escurrir la pasta en un colador de malla. Transfiera a un tazón mediano y mezcle con las dos cucharadas de aderezo italiano cremoso.

d) En cada una de las tortillas; divida en partes iguales y coloque en capas el queso, el salami, el pepperoni, la Capicola, la espinaca y unas cuantas cucharadas de pasta.

e) Lentamente y con cuidado, enrolle la tortilla y envuélvala en una envoltura de plástico. Gire y selle los extremos y refrigere por 25 minutos.

f) Desenvuelve los roll-ups. Corta cada uno en cuatro pedazos y colócalos con el lado cortado hacia arriba en platos pequeños. Rodéelos con cualquier resto de pasta.

2. Sushi de prosciutto italiano

Sirve 16

Ingredientes

- 3 tazas de arroz de sushi crudo
- 1 taza de mezcla de queso parmesano/romano rallado
- ⅔ taza mitad y mitad
- ½ taza de hojas de albahaca fresca, picadas
- 8 a 10 lonchas grandes y finas de prosciutto (jamón italiano curado)
- 1 bote (7 oz) de pimientos rojos asados, escurridos y cortados en tiras

Direcciones

a) Prepare el arroz de acuerdo a las instrucciones del paquete.

b) Combine el arroz, el queso, la mitad y la mitad y la albahaca en un tazón.

c) Coloca 1 rebanada de prosciutto en una tabla para cortar; unte 1/2 taza de la mezcla de arroz de manera uniforme sobre el prosciutto, presionando ligeramente.

d) Coloque unas tiras de pimiento a lo largo en el centro sobre el arroz. Rodar con cuidado en un registro. Repita con las rebanadas de prosciutto restantes.

e) Cubra y refrigere por lo menos 15 minutos.

f) Corte cada rollo transversalmente en trozos de 1 pulgada. Coloque en un plato con el lado cortado hacia arriba. Servir a temperatura ambiente.

3. Sushi Italiano con Arroz Arborio

Porciones 10 o más

Ingredientes

- 3 tazas de arroz de grano medio Arborio cocido
- 1 taza de mezcla de queso parmesano/romano rallado
- ⅔ taza mitad y mitad
- ½ taza de hojas de albahaca fresca, picadas
- 8 a 10 lonchas grandes y finas de prosciutto (jamón italiano curado)
- 1 bote (7 oz) de pimientos rojos asados, escurridos y cortados en tiras

Direcciones

a) Combine el arroz, el queso, la mitad y la mitad y la albahaca en un tazón. Coloca 1 rebanada de prosciutto en una tabla para cortar; unte ½ taza de la mezcla de arroz de manera uniforme sobre el prosciutto, presionando ligeramente.

b) Coloque unas tiras de pimiento a lo largo en el centro sobre el arroz. Rodar con cuidado en un registro. Repita con las rebanadas de prosciutto restantes.

c) Corte cada rollo transversalmente en trozos de 1 pulgada. Coloque en un plato con el lado cortado hacia arriba. Servir a temperatura ambiente.

4. Sushi italiano con salsa marsala japonesa

PARA 4 PERSONAS

Ingredientes

Para el Rollo Italiano

- 4 láminas de nori (alga marina) o envolturas de soja
- 2 tazas de arroz risotto cocido
- Aceite de aguacate, según sea necesario
- 4 espárragos enteros
- 1/2 taza de champiñones portobello
- 1/2 taza de hongos shiitake
- 8 rebanadas de pechuga de pato o pollo asado
- 1-2 dientes de ajo
- 2 cucharadas de semillas de sésamo negro
- Sazón criollo, al gusto

Para la Salsa Marsala

- 1 1/4 taza de vino Marsala, reducido a la mitad
- 3/4 taza de crema batida espesa, reducida hasta que espese
- 1-2 cucharadas de mantequilla
- 1 cucharada de brandy, opcional

- Pasta de wasabi, según sea necesario
- 2 cucharadas de salsa Sriracha (o al gusto)

Direcciones

para el rollo

a) En una sartén pequeña caliente el aceite a fuego medio-alto. Agregue los champiñones en rodajas de ambos y saltee ligeramente durante aproximadamente 1 minuto y medio. Dejar de lado. En una sartén mediana lo suficientemente grande como para que quepan los espárragos enteros, agregue aproximadamente 1 cucharada de mantequilla o aceite de aguacate.

b) Agregue los espárragos y saltee durante aproximadamente 1 a 2 minutos revolviendo a menudo con pinzas. Agregue el ajo y revuelva durante aproximadamente otro minuto hasta que los espárragos estén tiernos y tiernos pero con un ligero crujido. Ponga a un lado hasta que esté listo.

c) Mientras tanto, cubra una estera de bambú con una envoltura de plástico. Coloque una hoja de nori en la parte superior centrada. Con las manos humedecidas con agua, extienda ½ taza de arroz cocido de manera uniforme sobre la hoja de nori. Presione firmemente. Dejando la envoltura de plástico en su lugar sobre el tapete, voltea la capa de sushi para que las algas queden hacia arriba y el arroz hacia abajo.

d) Coloque 2 rebanadas de pollo en el centro de la hoja, luego agregue los espárragos en un lado y los champiñones mixtos en el otro lado del pollo, de modo que los ingredientes formen una fila estrecha y ordenada que se alinee con el borde del cuadrado de nori más cercano a usted. . Enrolle la estera de bambú hacia adelante (asegurándose de que la envoltura de plástico permanezca con la estera), presionando los ingredientes dentro del sushi en forma de cilindro. Presiona firmemente la estera de bambú con ambas manos para darle forma al sushi y luego retira la estera.

e) Repita el proceso con los ingredientes restantes para hacer tres rollos más.

f) Cortar los rollos de sushi en rondas de 1 pulgada con un cuchillo de sierra afilado humedecido con agua y batir cada corte. Disponer en un plato de forma única y cubrir con salsa.

Para la Salsa Marsala

g) Usando una cacerola mediana a fuego medio-alto, agregue el vino y reduzca a la mitad. Añadir la nata y dejar cocinar hasta que la salsa empiece a espesar. Alrededor de 4 a 5 minutos.

h) Agregue el brandy y la mantequilla y continúe cocinando hasta que la salsa quede como un Alfredo suave. Agregue la Sriracha 1 cucharada a la vez y pruebe a medida que agrega para obtener el calor adecuado que desea.

5. Sushi Vegano Estilo Italiano

8 RACIONES

Ingredientes

- 2 hojas de Nori
- 80 g Arroz Arborio
- 10 g Puré de manzana
- 8 hojas, grandes y frescas Albahaca
- 6 cada uno, tomates secados al sol picados
- 2 calabacines medianos
- Vinagre balsámico
- 2 dientes de ajo, picados muy finamente
- 1,6 g de perejil picado muy fino

Direcciones

a) Recocine ligeramente el arroz arborio, con el puré de manzana, para que quede pegajoso.

b) Enfriar completamente.

c) Divide los rellenos por la mitad.

d) Haz los rollos de sushi y corta cada rollo en 4 o 6 piezas.

e) Para la salsa para mojar, mezcle el balsámico, el agua, el ajo y el perejil.

6. sushi de espagueti

Ingredientes

- 1 caja de espaguetis de 16 onzas, cocinados según las instrucciones del paquete
- 3/4 taza de salsa marinara
- 1 taza de queso ricota
- 1/4 taza de queso parmesano rallado y más para decorar
- 2 tazas de mini albóndigas
- 2 cucharadas de albahaca fresca y más para decorar

Direcciones

a) En un tazón pequeño, mezcle la salsa marinara y el queso ricotta.

b) Coloque la pasta cocida sobre una estera de sushi o una hoja de envoltura de plástico.

c) Corta los extremos para formar un cuadrado.

d) Agregue 3-4 cucharadas de salsa, extiéndala, espolvoree con queso parmesano y coloque una línea de albóndigas.

e) Use la estera de sushi o la envoltura de plástico para enrollar los espaguetis.

f) Cortar en rodajas como sushi.

g) Adorne con albahaca fresca y salsa marinara.

7. Risotto envuelto en verduras

Ingredientes

- 1 berenjena
- 1 calabacín
- 1 calabaza amarilla
- 1 cucharada de aceite de oliva
- 1/4 cucharaditas de sal
- 1 cucharada de queso parmesano o romano
- 2 bolas de mozzarella fresca en rodajas
- 1/2 taza de risotto

Direcciones

a) Precaliente a 350 grados F.

b) Prepare una bandeja para hornear con pergamino o papel de aluminio. Rocíe ligeramente con spray antiadherente para cocinar.

c) Corte la berenjena, el calabacín y la calabaza amarilla a lo largo en tiras de 1/8 de pulgada.

d) Cepille ambos lados ligeramente con aceite de oliva. Organizar en una bandeja para hornear. Espolvorear con sal.

e) Hornee en el horno durante unos 30 minutos, hasta que las verduras estén blandas y bien cocidas, con cuidado de no dorar o caramelizar.

f) Retire del horno y deje que se enfríe un poco para que pueda manipularlos.

g) Espolvorea las rodajas de calabacín y calabaza con queso parmesano o romano rallado. Coloque una cucharada de risotto en el centro de cada rebanada y enrolle.

h) Coloque las rodajas de mozzarella sobre las rodajas de berenjena, agregue una cucharada grande de risotto en el centro y enrolle.

i) Coloque el sushi en un plato para servir. Adorne cada uno de varias maneras. Mira el video para ver cómo decoré cada pieza de sushi de diferentes maneras.

8. Rollitos de pepperoni italianos

Raciones 35

Ingredientes

- 5 tortillas de harina de 10"
- 16 onzas de queso crema ablandado
- 2 cucharaditas de ajo picado
- 1/2 taza de crema agria
- 1/2 taza de queso parmesano
- 1/2 taza de queso italiano rallado o queso mozzarella
- 2 cucharaditas de condimento italiano
- 16 onzas de rebanadas de pepperoni
- 3/4 taza de pimientos amarillos y naranjas finamente picados
- 1/2 taza de champiñones frescos finamente picados

Direcciones:

a) En un recipiente para mezclar, bata el queso crema hasta que quede suave. Combine el ajo, la crema agria, los quesos y el condimento italiano en un tazón. Mezclar hasta que todo esté bien mezclado.

b) Extienda la mezcla uniformemente entre las 5 tortillas de harina. Cubre toda la tortilla con la mezcla de queso.

c) Coloque una capa de pepperoni encima de la mezcla de queso.

d) Superponga el pepperoni con los pimientos y los champiñones cortados en rodajas gruesas.

e) Enrolle bien cada tortilla y envuélvala en una envoltura de plástico.

f) Dejar reposar por lo menos 2 horas en el refrigerador.

9. Sushi Temari Italiano

18 porciones

Ingredientes

- 270 ml de arroz blanco
- 2 cucharadas de vinagre de vino blanco
- 2 cucharaditas de azúcar
- 2/3 cucharaditas de sal
- 1 salmón ahumado
- 1 hueva de salmón
- 1 hoja de shiso (o albahaca fresca)
- 1 jamón
- 1 queso crema
- 1 verduras de hoja (como el perejil italiano fresco)
- 1 carne asada
- 1 pizca de cebolla
- 1 pizca de jengibre
- 1 camarón
- 1 aguacate
- 1 chorrito de jugo de limón
- 1 chorrito de wasabi

Para la salsa:

- 1 cucharada de genovesa
- 1 cucharadas de aceite de oliva
- 1 cucharada de salsa de soja
- 2 cucharaditas de aceite de oliva

Direcciones

a) Combine todos los ingredientes marcados con una y mézclelos con el vinagre de sushi. Vierta sobre el arroz cocido (debe estar un poco duro) para hacer arroz de sushi con sabor occidental.

b) En una lámina de plástico para envolver, coloque el salmón ahumado, la hoja de shiso y 1 cucharada colmada de arroz para sushi. Envuelva y apriete suavemente para formar bolas como una bolsa de kinchaku. Cubra con huevas de salmón.

c) Envuelva el prosciutto, el queso crema (pimienta negra si lo desea) y el arroz de sushi con una envoltura de plástico como en el Paso 2. Cubra con la verdura de hoja.

d) Siga los mismos procedimientos con el rosbif, el jengibre rallado y el arroz de sushi y envuélvalos. Cubra con cebolla picada.

e) Envuelva los camarones, el aguacate cubierto con una pequeña cantidad de rodajas de limón y el arroz de sushi con una envoltura de plástico. Cubrir con wasabi.

f) Mezcla la genovesa y el aceite de oliva para hacer una salsa de albahaca.

g) Salsa (opcional): Mezcle la salsa de soya y el aceite de oliva para obtener una salsa a base de soya.

h) Sírvelo y decora muy bien con la salsa. Sirva con pimienta negra y sal gruesa si lo desea.

10. Sashimi de jurel en adobo de mostaza

2 porciones

Ingredientes

- 150 gramos Jurel (calidad sashimi)
- 1 cucharadita de sal
- 30 gramos cebolla rallada
- 2 cucharadas de aceite de oliva
- 1 1/2 cucharadas de vinagre de vino blanco o vinagre de arroz
- 1 hasta 3 cucharaditas de jugo de limón
- 2 cucharaditas de mostaza granulada
- 1 cucharadita de miel
- 1/2 cucharaditas de ajo rallado
- 2 pizca de caldo de sopa de consomé granulado
- 1 hoja de laurel
- 1 pizca de pimienta negra
- 1 mezcla de hierbas italianas secas
- 1 Para terminar: aceite de oliva EV cebolla picada muy fina o cebolla roja

Direcciones

a) Espolvorea sal de manera uniforme en ambos lados del pescado y deja reposar de 10 a 15 minutos. Tenga cuidado de no dejarlos por mucho tiempo. Como los filetes son pequeños, estarán demasiado salados si los dejas demasiado tiempo.

b) Enjuague y seque. Cortar en trozos de unos 3 cm de ancho.

c) Mezcle el pescado del Paso 4 en la marinada. Sirve o deja reposar un rato si lo prefieres.

d) Transferir a un plato. Si lo desea, adorne con cebolla finamente picada y rocíe con un poco de aceite de oliva / jugo de limón al gusto (el pescado en la imagen está adornado con cebolla roja).

PASTAS Y RAMEN

11. Pasta de miso con leche de soja y sopa de miso

Raciones 1 persona

Ingredientes

- 1 porción de espaguetis o linguini
- Una pizca de sal
- 1 taza de leche de soya
- 1 cucharadita de mantequilla
- Una pizca de Pimienta Negra

Direcciones

a) En una olla, hierva agua con sal y cocine la pasta como se indica en el paquete. Fuga.

b) Vierta una taza de leche de soya en un tazón y agregue una cucharadita de mantequilla. Microondas hasta que esté caliente.

c) Coloque un paquete de sopa de miso liofilizada Miyasaka en el tazón y revuelva hasta que la sopa de miso liofilizada se derrita por completo.

d) Mezcle con la pasta y decore con pimienta negra fresca.

e) ¡Disfrutar!

12. Pasta picante de ajo y aceite con Aonori

Porciones: 2

Ingredientes

cocinar pastas

- 2 litros de agua
- 2 cucharadas de sal marina
- 8 oz de espaguetis o espaguetis finos secos
- 3 cucharadas de aceite de oliva virgen extra
- 3 dientes de ajo grandes picados (alrededor de 3 cucharadas / 25 g)
- 1/2 cucharaditas de rodajas de takanotsume o hojuelas de chile rojo seco, ajuste al gusto
- 1/4-1/3 taza de agua para cocinar la pasta
- 1 cucharadita de salsa de soya
- 1 cucharadita de aonori ajustar al gusto
- Aceite de oliva virgen extra de alta calidad para el toque final
- Pimienta negra opcional para servir

Direcciones

a) Comience a hervir agua en una olla mediana a grande. Una vez que el agua esté hirviendo, agregue sal marina y luego comience a cocinar espaguetis finos durante 6-7 minutos o según las instrucciones del paquete. Asegúrese de cocinar menos tiempo para al dente. Reserve hasta 1/3 taza/80 ml del agua de cocción de la pasta.

b) Mientras tanto, prepara la salsa. En una sartén grande fría, agregue aceite de oliva virgen extra y luego agregue el ajo. Encienda el fuego a fuego medio y cocine el ajo durante 2-3 minutos hasta que esté fragante.

c) A continuación, agregue takanotsume o hojuelas de chile rojo seco. Cocine durante 1-2 minutos hasta que esté fragante.

d) Unos minutos antes de que la pasta esté lista, agregue 1/4-1/3 taza/60-80 ml del agua de cocción de la pasta a la sartén. Dejar emulsionar y reducir el aceite y el agua de cocción de la pasta. Encienda el fuego a medio bajo. Continúe cocinando a fuego lento hasta que la pasta esté lista.

e) Pasar a la pasta a la sartén. Remolino en salsa de soya y dar un lanzamiento rápido. Agregue el resto del agua de cocción de la pasta si está seca.

f) Servir con aonori encima. Rocíe un poco de aceite de oliva virgen extra y pique un poco de pimienta negra para darle el toque final.

13. Pasta cremosa de champiñones y tocino

PORCIONES: 2

Ingredientes

- 4 rebanadas de tocino (5,3 oz, 150 g)
- 1.8 onzas de champiñones shimeji
- 4 champiñones cremini
- 4 hongos shiitake
- 1 ½ cucharadas de aceite de oliva virgen extra
- 2 dientes de ajo

para las pastas

- 8 oz de pasta (espaguetis, linguini o fettuccine; 4 oz/113 g por persona)
- 4 cuartos de agua
- 1 ½ cucharadas de sal kosher (Diamond Crystal; use la mitad para la sal de mesa)

Para la salsa cremosa

- 1 cucharada de mantequilla sin sal
- pimienta negra recién molida
- 2 cucharadas de harina para todo uso (harina común)

- 1 taza de leche
- ⅓ taza de crema batida espesa
- 1 cucharada de salsa de soja
- ⅛ cucharaditas de sal kosher (Diamond Crystal; use la mitad para la sal de mesa)

Adornar

- perejil

Direcciones

a) Agregue 1 ½ cucharadas de sal en 4 cuartos de galón (4 L) de agua y hierva para cocinar los espaguetis.

b) Una vez que el agua esté hirviendo, agregue los espaguetis y cocine según las instrucciones del paquete. Escurrir bien y dejar reposar.

c) Corta las rebanadas de tocino en trozos de ½ pulgada (1,25 cm).

d) Cortar la base de los champiñones y trocearlos. Corta el extremo inferior de los champiñones shimeji.

e) Retire el tallo de los hongos shiitake y córtelos en rodajas.

f) En una sartén grande, caliente 1 ½ cucharadas de aceite de oliva a fuego medio. Nota: si usa una sartén antiadherente, puede omitir el aceite.

g) Una vez que el aceite esté caliente, agregue el tocino y saltee.

h) Una vez que la grasa del tocino se deshaga, tritura 2 dientes de ajo y agrégalos a la sartén.

i) Añadir todos los champiñones y saltear juntos. Agregue 1 cucharada de mantequilla y pimienta negra recién molida.

j) Agregue la harina y asegúrese de seguir revolviendo para que la harina no se pegue en el fondo de la sartén.

k) Agregue 1 taza de leche, ⅓ taza de crema espesa y 1 cucharada de salsa de soya. Continúe raspando el fondo de la sartén. La harina espesará la salsa.

l) Pruebe la salsa y agregue sal y pimienta negra recién molida al gusto si es necesario. Si la salsa es demasiado espesa, puede agregar ¼ de taza de agua de cocción de la pasta (después de eso, agregue una cucharada a la vez) para diluir la salsa. Consejo: debe asegurarse de que tenga un sabor un poco más fuerte de lo que desea que sea el plato final (porque agregará espaguetis).

m) Agregue los espaguetis cocidos en la sartén o, alternativamente, puede verter la salsa sobre los espaguetis en un plato para servir. Con las pinzas, cubra los espaguetis con la salsa.

n) Si lo desea, agregue pimienta negra recién molida. Sirve y decora con perejil.

14. ¡Pasta con un toque japonés-italiano!

1 porcion

Ingredientes

- 30 g de fujicco (algas marinas saladas)
- 30 g de mantequilla
- 1 porción de pasta
- 3 porciones de espinacas congeladas
- 3 dientes de ajo
- 1 chile
- Perejil
- Petróleo
- 100 ml de agua
- 4 langostinos

Direcciones

a) Hervir la pasta y una vez lista reservar

b) Picar el ajo, el perejil y el chile

c) Derrita la mantequilla y saltee el ajo y el chile. Añade las gambas. Una vez cocidas las gambas, retirar y añadir las espinacas y el fujicco.

d) Cocine a fuego lento las verduras hasta que esté cocido. Añadir la pasta y las gambas y mezclar bien.

e) Emplatar la pasta y decorar con el perejil.

15. Espaguetis napolitanos con ketchup

PORCIONES: 2

- 7 onzas de espagueti
- 1 diente de ajo
- ½ cebolla (3 oz, 85 g)
- 6 salchichas japonesas kurobuta (cerdo negro)
- 1 pimiento verde
- 6 champiñones
- 2 cucharadas de aceite de oliva virgen extra
- 2 cucharadas de leche
- 2 Cucharadas de queso Parmigiano-Reggiano

Salsa:

- 4 cucharadas de salsa de tomate
- 1 cucharadita de salsa Worcestershire
- ¼ cucharaditas de azúcar
- 1-3 cucharadas de agua de pasta reservada
- sal kosher
- pimienta negra recién molida

Direcciones

a) Pon a hervir una olla grande de agua con sal. Cocine la pasta de acuerdo a las instrucciones del paquete.

b) Mientras tanto, pique el diente de ajo y corte la cebolla, las salchichas, el pimiento y los champiñones.

c) En una sartén grande o sartén para saltear, caliente el aceite de oliva a fuego medio. Agregue el ajo y saltee durante 1 minuto, hasta que esté dorado y fragante.

d) Agregue las cebollas a la sartén y saltee durante 2-3 minutos.

e) Cuando las cebollas estén marchitas, agregue las salchichas y saltee durante 1 minuto.

f) Agregue los pimientos y los champiñones y saltee hasta que todo esté cocido.

g) Agregue los ingredientes de la salsa: salsa de tomate, salsa Worcestershire y azúcar (opcional). Cuando la salsa espese, añadir el agua de cocción de la pasta. Sazone con sal y pimienta al gusto.

h) Tan pronto como la pasta esté cocida y escurrida, agréguela a la sartén y mezcle para combinar con unas pinzas.

i) Agregue la leche y el queso parmesano y revuelva para combinar. Servir inmediatamente en platos calientes.

16. Pasta con salsa de carne y chile

Rinde 4 porciones

Ingredientes:

- 1/2 libra de pasta, fusilli
- 2 cucharadas de aceite vegetal
- 1 libra de lomo de res cortado a la mitad a lo largo, en rebanadas de 1/4 de pulgada de grosor
- 1 cebolla cortada a la mitad a lo largo, cortada en cuña, grande
- 3 tazas de floretes de brócoli de 1"
- 3 cucharadas de salsa de soya, baja en sodio
- 1 cucharadas de salsa de chile, asiática
- 1 cucharadas de cilantro picado, fresco, + extra para decorar
- 1/4 cucharaditas de pimienta, molida
- 3 tomates cortados en cuña de 1 pulgada de grosor, medianos

Direcciones

a) Agregue agua a una olla grande. Sal y llevar a ebullición. Agrega la pasta. Cocine durante cinco a 10 minutos, hasta que estén tiernos para morder. Escurrir, luego dejar la pasta a un lado.

b) Caliente el aceite en una sartén grande a fuego medio-alto. Agregue la carne y cocine durante tres o cuatro minutos, hasta que comience a dorarse. Revuelva mientras continúa dorando durante dos o tres minutos más. Transfiera la carne a un plato y reserve. Reserva el aceite.

c) Agregue las cebollas a la misma sartén. Revuelva con frecuencia mientras cocina durante dos o tres minutos, hasta que comience a dorarse. Agrega el brócoli. Cocine durante dos o tres minutos, hasta que adquiera un color verde brillante.

d) Agregue la salsa de chile, la salsa de soya, el cilantro y la pimienta molida. Revuelva con frecuencia mientras cocina durante unos tres minutos. Agregue la carne reservada y los tomates. Cocine por tres minutos más, hasta que los tomates comiencen a soltar su jugo.

e) Agregue la pasta cocida. Revuelva mientras cocina durante tres minutos más o menos, hasta que la pasta absorba la mayor parte del líquido o se evapore. Sazone como desee. Espolvorea con cilantro y sirve.

17. Carbonara de ramen con queso

Porciones: 4

Ingredientes:

- Dashi, una taza
- Aceite de oliva, una cucharada
- rebanadas de tocino, seis
- Sal, la necesaria
- ajo picado, dos
- Perejil, el necesario
- queso parmesano, media taza
- Leche, dos cucharadas
- huevos, dos
- Paquete de ramen, tres

Direcciones

a) Combina todos los ingredientes.
b) Hervir los fideos según las instrucciones del paquete.
c) Guarde un cuarto de taza de agua de cocción para aflojar la salsa más tarde, si es necesario. Escurra los fideos y revuélvalos con aceite de oliva para que no se peguen.

d) Caliente una sartén mediana a fuego medio. Cocine los trozos de tocino hasta que estén dorados y crujientes. Agregue los fideos a la sartén y mezcle con el tocino hasta que los fideos estén cubiertos con la grasa del tocino.

e) Bate los huevos con un tenedor y mézclalos con el queso parmesano. Vierta la mezcla de huevo y queso en la sartén y mezcle con el tocino y los fideos.

18. Lasaña de ramen

Porciones: 4

Ingredientes

- 2 paquetes (3 oz.) de fideos ramen
- 1 libra de carne molida
- 3 huevos
- 2 tazas de queso rallado
- 1 cucharada de cebolla picada
- 1 taza de salsa para espagueti

Direcciones

a) Antes de hacer nada, precaliente el horno a 325 F.

b) Coloque una sartén grande a fuego medio. Cocine en él la carne con 1 paquete de condimentos y cebolla durante 10 minutos.

c) Transfiera la carne a un molde para hornear engrasado. Batir los huevos y cocerlos en la misma sartén hasta que estén hechos.

d) Cubra la carne con 1/2 taza de queso rallado seguido de los huevos cocidos y otra 1/2 taza de queso.

e) Cocine los fideos ramen según las instrucciones del paquete. Escúrrelo y revuélvelo con la salsa de espagueti.

f) Extienda la mezcla por toda la capa de queso. Cubra con el queso restante. Cuécelo en el horno durante 12 minutos. sirve tu lasaña caliente. Disfrutar.

19. Ensalada de repollo Fusion Ramen

Rinde 4 porciones

Ingredientes:

- 2 paquetes de fideos, Ramen
- 1/3 taza de almendras rebanadas, sin sal
- 2 cucharadas de mantequilla sin sal, derretida
- 1/2 cabeza de repollo en rodajas finas, pequeñas
- 1 zanahoria en rodajas finas, pequeña
- 1 cebolla finamente picada, verde

Para el Aliño:

- 3 cucharadas de azúcar, granulada
- 2 cucharadas de vinagre, vino de arroz
- 4 cucharadas de mayonesa, light
- 2 cucharaditas de mostaza, Dijon
- 1/2 cucharaditas de aceite, sésamo
- Sal, kosher y pimienta, molida, al gusto

Direcciones

a) Precaliente el horno a 350F.

b) Rompa los fideos en trozos pequeños (del tamaño de un bocado). Extiéndalos sobre una cacerola. Mezcle las almendras rebanadas. Rocíe con mantequilla derretida. Combina bien revolviendo.

c) Tueste los fideos y las almendras en un horno a 350F hasta que estén dorados, de 12 a 15 minutos. Retire el plato del horno. Hazlo a un lado.

d) Combine los ingredientes del aderezo en un tazón mediano. Batir bien juntos.

e) En un tazón más grande, combine los trozos de repollo, las zanahorias y las cebollas verdes. Agregue ramen tostado con fideos.

f) Rocíe el aderezo sobre el plato. Mezcle bien todos los ingredientes.

g) Sazone como desee. Servir con prontitud.

20. ramen italiano

Ingredientes

- 4 cucharadas de aceite de oliva
- 1 pollo entero (o 2 pechugas de pollo)
- 1 cebolla marrón, cortada en cubitos
- 1 tallo de apio, cortado en cubitos
- 1 zanahoria mediana, cortada en cubitos
- 1 cucharadita de hojuelas de chile picante
- $\frac{1}{4}$ cucharaditas de tomillo seco o 2-3 ramitas
- 3 filetes de anchoa
- 2 dientes de ajo
- 7 tazas de caldo de pollo (o hazlo)
- 4 huevos cocidos (6 minutos)
- 200 g de espaguetis finos (capellini)
- $\frac{1}{2}$ taza de tomates cherry
- 7 oz -200 g de brócolini
- 7 oz -200 g de champiñones
- $\frac{1}{2}$ taza de hongos Porcini secos
- 1 puñado de hojas de perejil (picadas)

Para el caldo de pollo

- 1 carcasa de pollo
- 1 cebolla marrón
- 1 hoja de laurel

Direcciones

a) Para el caldo, en una cacerola grande a fuego alto, agregue 2 cucharadas de aceite de oliva, una vez caliente agregue la carcasa de pollo picada y cocine todo hasta que se dore. Agregue la cebolla marrón cortada en cubitos y cocine hasta que esté un poco caramelizada, cubra con 8 tazas de agua y agregue las hojas de laurel. Cocine a fuego lento durante 45 minutos a fuego lento. Colar y reservar.

b) Pelar y picar finamente la zanahoria. Pica finamente el tallo de apio y la cebolla. En una cacerola grande a fuego medio, agrega dos cucharadas de aceite de oliva. Agrega y sofríe la cebolla, el apio, las zanahorias, las hojuelas de chile, el tomillo, las anchoas y el ajo hasta que estén suaves. Agregue el caldo de pollo, los champiñones porcini secos, los champiñones frescos en rodajas, sazone con sal y cocine a fuego lento durante 15 minutos. Luego agregar las pechugas de pollo enteras y pochar 12 minutos.

c) Mientras tanto, ponga a hervir el agua de la pasta salada. Una vez salados, cocinar los espaguetis al dente. Si se cocina temprano, es mejor escurrir y refrescar con agua fría.

Vuelva a calentar 10 segundos en el agua caliente de la pasta justo antes de servir.

d) Cuece los huevos colocándolos en una cacerola con agua hirviendo durante 6 minutos. Una vez cocidos, transfiera los huevos escurridos a un recipiente con agua fría. Después de unos minutos pela los huevos.

e) Retire las pechugas de pollo y con dos tenedores desmenuce la carne de pollo.

f) Agregue el brócolini partido y cortado al caldo 30 segundos antes de servir. Sirva en tazones grandes, agregue pasta en un tercio, pollo en otro tercio. Agregue unos tomates cherry cortados y un huevo cortado por la mitad. Decorar con perejil picado. Servir con tenedor y cuchara sopera.

21. Sartén de ramen italiano con carne

Porciones 4

Ingredientes

- 2 paquetes (3 oz cada uno) de mezcla de sopa de fideos ramen con sabor a res
- 1 libra de carne magra (al menos 80%) molida
- 24 rebanadas de pepperoni (1 a 1 1/4 pulgadas de diámetro)
- 1 lata (14.5 oz) de tomates cortados en cubitos con albahaca, ajo y orégano, sin escurrir
- 1 taza de agua
- 1 pimiento verde pequeño, cortado en trozos de 1/2 pulgada (1/2 taza)
- 1 taza de queso mozzarella rallado (4 oz)

Direcciones

a) Parta los bloques de fideos por la mitad (reserve un paquete de condimentos; deseche el segundo paquete); dejar de lado. En una sartén de 10 pulgadas, cocina la carne y el pepperoni a fuego medio de 8 a 10 minutos, revolviendo ocasionalmente, hasta que la carne esté dorada; fuga.

b) Revuelva los tomates, el agua y el paquete de condimentos reservado en la mezcla de carne. Caliente hasta que hierva. Agregue los fideos y el pimiento. Cocine de 3 a 5 minutos, revolviendo ocasionalmente, hasta que los fideos estén tiernos.

c) Espolvorea queso sobre la mezcla de fideos en el anillo alrededor del borde de la sartén. Cubra y deje reposar unos 5 minutos o hasta que el queso se derrita.

22. Ramen italiano de invierno

24 porciones

Para el caldo:

- 3 cucharadas de aceite de sésamo tostado
- 36 dientes de ajo, machacados
- 12 onzas de jengibre, en rodajas finas
- 1/3 taza de cebolletas, picadas en trozos grandes
- 2 cucharadas de mirin
- 2 cucharadas de pasta de miso
- 1/3 taza de vinagre de vino de arroz sin sazonar
- 1/2 taza de salsa de soya baja en sodio
- 1 galón + 2 tazas de caldo de verduras sin sal

Para las verduras:

- 1/2 taza de aceite de sésamo tostado
- 1/4 libra de chiles rojos, cortados en rebanadas de 1/8 de pulgada
- 1/2 libra de zanahorias, cortadas en rodajas de 1/8 de pulgada
- 1/2 libra de chirivías, cortadas en rebanadas de 1/8 de pulgada

- 1/2 libra de batatas, peladas, cortadas en rodajas de 1/4 de pulgada
- 1 libra de repollo, picado grueso
- 1/2 libra de puerros, solo las partes blanca y verde, cortados por la mitad a lo largo, en rodajas finas
- 1/2 libra de col rizada, lavada, sin costillas, picada en trozos grandes

Para los fideos:

- 3 libras de cabello de ángel Barilla
- 3 cucharadas de bicarbonato de sodio
- 1/3 taza de sal marina

Coberturas:

- 1-1/2 libras de tofu firme, en cubos
- 24 huevos escalfados
- 1-1/2 tazas de cebolletas, en rodajas finas
- 3/4 taza de pan rallado tostado

Direcciones

Para el caldo:

a) Caliente el aceite en una olla grande a fuego lento; agregue el ajo, el jengibre y las cebolletas. Cocine de 2 a 3 minutos, revolviendo con frecuencia hasta que esté fragante.

b) Agregue mirin, pasta de miso, vinagre y salsa de soya. Cocine 1 minuto para que la mezcla hierva.

c) Agregue el caldo; reduzca el fuego a bajo. Cocine a fuego lento durante 6 horas, quitando la espuma de la superficie según sea necesario. Frio; colar a través de un tamiz de malla fina. Cubra y refrigere.

Para las Verduras:

d) Caliente el aceite en una olla grande a fuego lento; añadir verduras. Cocine de 2 a 3 minutos hasta que las verduras estén bien calientes; agregar la mitad del Caldo preparado. Cocine a fuego lento de 15 a 20 minutos hasta que las verduras estén bien cocidas; mantener caliente

Para fideos ramen:

e) Mientras tanto, hierva 3-3/4 galones de agua en una tetera con camisa de vapor o en una olla grande sobre la estufa.

f) Agrega la pasta, el bicarbonato de sodio y la sal; cocina de 3 a 4 minutos o hasta que esté al dente. Escurrir bien.

g) Divida la pasta entre tazones individuales para servir. Lleve el caldo restante a una olla grande a fuego medio-alto.

h) Coloque las verduras cocidas sobre los fideos en cada tazón; agregar coberturas. Vierta caldo caliente sobre cada tazón antes de servir.

23. Tazón de fideos ramen de pollo al estilo italiano

Rendimiento: 4 porciones

Ingredientes

Para el caldo:

- 2 Cucharadas de Aceite de Oliva Virgen Extra
- ½ taza de apio, cortado en cubitos
- ½ taza de zanahorias, cortadas en cubitos
- ½ taza de cebolla, picada
- ½ cucharaditas de pimienta negra
- ½ cucharaditas de hojuelas de pimiento rojo
- 1 cucharada de ajo finamente picado
- 2 filetes de anchoa
- 3 ramitas de tomillo
- 4 ramitas de albahaca, y más para decorar
- 2 32 onzas cajas de caldo/caldo de pollo (64 oz. en total)
- 1 libra de espagueti o espagueti ondulado

Coberturas:

- 4 huevos grandes
- 1 pollo asado, desmenuzado
- 1 libra de brócolini, blanqueado

- 1 libra de espárragos, blanqueados
- ½ libra de guisantes
- 4 rábanos rojos grandes, en rodajas
- 1 manojo de cebollas verdes, tanto las partes blancas como las verdes, cortadas en cubitos
- Hojuelas de pimienta roja

Direcciones

Prepare lo siguiente:

a) Llevar una olla alta de agua a ebullición. Use esto más tarde para hervir los espaguetis después de que el caldo haya terminado de cocinarse. No hierva los fideos ahora, estarán demasiado blandos después del tiempo que lleva hacer el caldo.

b) Lleve a ebullición una cacerola mediana con agua. Agregue los huevos y hierva hasta que estén duros; aproximadamente 10 minutos. Retire del agua caliente y deje correr agua fría sobre los huevos mientras los pela. Dejar de lado.

Para el caldo:

c) Caliente el aceite de oliva en una olla grande a fuego medio.

d) Cocine el sofrito de apio, zanahorias, cebolla y ajo hasta que esté suave y fragante, durante unos 8 minutos.

e) Agregue pimienta negra, anchoas, hojuelas de pimiento rojo, tomillo y albahaca. Cocine por 3 minutos más.

f) Reduzca el fuego y agregue el caldo de pollo. Cocine a fuego lento durante 20 minutos.

Para La Pasta, Verduras Y Huevos:

g) Cuando queden unos 10 minutos para que el caldo hierva a fuego lento, agregue los fideos de pasta a la olla con agua hirviendo. Hierva hasta que esté al dente (el tiempo depende del tipo de fideos que elija), entre 5 y 10 minutos. Probar y comprobar el punto de cocción de la pasta.

h) Cocine al vapor el brócolini y los espárragos.

i) Cortar los huevos duros por la mitad.

j) Cuando la pasta termine de cocinarse, coloque todos los ingredientes en tazones de sopa grandes y anchos (los tazones de pasta son excelentes para esto). Arregle cada tazón muy bien con un toque artístico con los ingredientes colocados en 'grupos' o 'secciones'.

k) Vierta el caldo en cada tazón de Ingredientes o páselo a los invitados para que puedan verter la cantidad que deseen.

l) Adorne con hojuelas de pimiento rojo y ramitas de albahaca fresca.

24. Ñoquis con Salsa de Tomate

PORCIONES 4

Ingredientes

- 1 cucharada de aceite de oliva
- 1 cucharada de mantequilla
- 3 dientes de ajo picados
- 1 lata (14 onzas líquidas) de tomates cortados en cubitos con jugos
- 2 cucharadas de pasta de tomate
- 1/4 taza de caldo de pollo o caldo de verduras
- 1 pizca de condimento italiano
- 1 libra de ñoquis de papa
- 1/2 taza de mozzarella rallada
- 1/2 taza de queso parmesano recién rallado
- Pequeño puñado de albahaca fresca en rodajas finas
- Sal y pimienta para probar

Direcciones

a) Agregue el aceite y la mantequilla a una sartén profunda a fuego medio. Una vez que esté caliente, agrega el ajo y cocina por 30 segundos.

b) Agregue los tomates cortados en cubitos, la pasta de tomate, el caldo de pollo y el condimento italiano a la sartén. Dale un revuelo.

c) Agregue los ñoquis. Deje que se cocine, revolviendo con bastante frecuencia para que no se pegue al fondo de la sartén, hasta que esté bien cocido (alrededor de 5 a 7 minutos). La salsa se espesará a medida que los ñoquis suelten almidón.

d) Pruebe los ñoquis y, si están cocidos, agregue la mozzarella, el parmesano y la albahaca hasta que los quesos se derritan. Sazone con sal y pimienta según sea necesario y sirva inmediatamente.

25. espaguetis japoneses

10 porciones

Ingredientes

- 1 libra de carne de hamburguesa
- 1 libra de vegetales mixtos japoneses (brócoli, judías verdes, champiñones, etc.)
- 1 libra de fideos espaguetis
- 1 paquete de mezcla de salsa de champiñones
- 1 lata de crema de champiñones
- 8 onzas de crema agria
- 1 taza de mezcla de queso italiano
- 1 leche según sea necesario
- 1 mantequilla la necesaria

Direcciones

a) Prepara la pasta como se indica.

b) Dorar y sazonar la carne de hamburguesa como se desee.

c) Una vez que la carne de la hamburguesa esté completamente cocida, agregue la mezcla de vegetales japoneses y una cucharada de mantequilla. Agregue más condimentos si la carne de la hamburguesa tuvo que ser drenada de grasa. Baje el quemador y cubra revolviendo ocasionalmente hasta que las verduras estén blandas.

d) Agregue un paquete de mezcla de salsa de champiñones a la mezcla de verduras para hamburguesas y mezcle bien.

e) Luego agregue su crema de champiñones y crema agria. (Agregue un poco de leche de la mezcla es demasiado espesa para su gusto)

f) Una vez que la pasta esté completamente cocida y escurrida, mezcle la mezcla de carne y queso, más o menos dependiendo de su gusto y ¡disfrútelo!

PIZZA

26. pizza ramen

Porciones: 4

Ingredientes

- 6 onzas. fideos ramen, cualquier sabor
- 1/2 taza de leche
- aceitunas negras (opcional)
- 1 huevo batido
- champiñón (opcional)
- 1/4 taza de queso parmesano, rallado
- rebanadas de jalapeño enlatado (opcional)
- 1 taza de salsa barbacoa (de tu elección)
- pimiento (opcional)
- 1 taza de pollo cocido, picado
- hojuelas de pimiento rojo (opcional)
- 1/2 cebolla roja, en rodajas finas
- 11 onzas mandarinas, bien escurridas

Direcciones

a) Configure su horno a 350 grados F antes de hacer cualquier otra cosa y forre un molde para pizza con un trozo de papel de aluminio engrasado.
b) En una cacerola con agua hirviendo con sal, cocine los fideos ramen durante unos 2-3 minutos.
c) Escurrir los fideos.

d) Mientras tanto, en un tazón, agregue el huevo, la leche y el queso parmesano y bata hasta que estén bien combinados.
e) Agregue los fideos y revuelva para combinar.
f) Coloque la mezcla de fideos en el molde preparado de manera uniforme. F
g) Cocinar en el horno durante unos 10 minutos.
h) Retire la sartén del horno y unte la salsa barbacoa sobre los fideos, seguido del pollo, las cebollas y las naranjas.
i) Espolvorea con el queso mozzarella de manera uniforme.
j) Cocinar en el horno durante unos 10-15 minutos.
k) Retirar del horno y reservar durante unos 5 minutos antes de rebanar.

27. bolas de pizza

Porciones: 10

Ingredientes:

- 1 libra de salchicha molida desmenuzada
- 2 tazas de mezcla Bisquick
- 1 cebolla picada
- 3 dientes de ajo picados
- $\frac{3}{4}$ cucharaditas de condimento italiano
- 2 tazas de queso mozzarella rallado
- 1 $\frac{1}{2}$ tazas de salsa para pizza, cantidad dividida
- $\frac{1}{4}$ taza de queso parmesano

Direcciones:

a) Precaliente el horno a 400 grados Fahrenheit.

b) Prepare una bandeja para hornear rociándola con aceite en aerosol antiadherente.

c) Mezcle la salchicha, la mezcla Bisquick, la cebolla, el ajo, el condimento italiano, el queso mozzarella y 12 tazas de salsa para pizza en un tazón.

d) Después de eso, agregue suficiente agua para que sea viable.

e) Enrolle la masa en bolas de 1 pulgada.

f) Rocíe el queso parmesano sobre las bolas de pizza.

g) Después de eso, coloca las bolas en la bandeja para hornear que has preparado.

h) Precaliente el horno a 350°F y hornee por 20 minutos.

i) Sirva con la salsa de pizza restante a un lado para mojar.

28. Falso pizza ramen de pepperoni

Porciones: 6

Ingredientes

- 1 paquete (3 oz.) de fideos ramen, de cualquier sabor
- 1 cucharada de aceite de oliva
- 1 (14 oz.) frascos de salsa de espagueti
- 1 taza de queso mozzarella bajo en grasa, rallado
- 3 onzas. pepperoni de pavo
- 1/2 cucharaditas de orégano seco

Direcciones

a) Antes de hacer nada, precaliente el asador del horno.

b) Prepare los fideos de acuerdo con las Instrucciones en el paquete sin el paquete de condimentos. Escurrirlo.

c) Coloque una fuente grande para horno a fuego medio. Calentar el aceite en él. Saltea en él los fideos y presiónalo hasta el fondo durante 2 minutos para hacer la corteza.

d) Vierta la salsa sobre los fideos y cubra con 2 oz. rodajas de pepperoni. Espolvorea el queso encima seguido del pepperoni y el orégano restantes.

e) Transfiera la sartén al horno y cocínelos durante 2 a 3 minutos o hasta que el queso se derrita.

f) Permita que su pizza pierda el calor durante 6 minutos. Servirlo.

g) Disfrutar.

29. pizza japonesa

Rendimiento: 4

Ingredientes

- 2 1/2 onzas de champiñones shiitake, sin tallo, en rodajas finas
- 2 cucharadas de salsa de soya
- 2 cucharadas de aceite de canola
- 1/2 cucharadita de aceite de sésamo tostado
- 3 tazas de arroz de sushi cocido
- 5 onzas de tofu firme, rebanado
- 2 cucharaditas de salsa unagi (opcional)
- 1/3 taza de edamame sin cáscara
- 5 onzas de queso manchego, rallado (alrededor de 1 1/2 tazas)
- 1/2 taza de brotes de soja
- Sal kosher
- Togarashi y sésamo blanco y negro tostado, para espolvorear
- 1 taza de hojuelas de bonito grandes
- 6 hojas de shiso, en rodajas finas
- 1/4 taza de hojas de cilantro

Direcciones

a) Precalentar el horno a 375°. En un tazón, mezcle los champiñones y la salsa de soya. Deje reposar durante 5 minutos; fuga.

b) En una sartén antiadherente resistente al horno de 9 pulgadas, caliente los aceites. Presione el arroz en la sartén, aproximadamente 1/4 de pulgada de espesor. Cocine a fuego moderadamente alto hasta que el fondo esté dorado, 10 minutos. Cubra con el tofu en una sola capa y rocíe con salsa unagi. Cubra con el shiitake, edamame, queso y brotes de soja y sazone con sal. Espolvorea con togarashi y semillas de sésamo.

c) Transfiera la sartén al horno y hornee en el estante superior durante 15 minutos, hasta que la parte superior esté dorada. Deslice la pizza en un plato; Cubra con el bonito, el shiso y el cilantro y sirva.

30. Pizza Okonomiyaki

Sirve 2

Ingredientes

- 1 base de pizza preparada (aprox. 23 cm de ancho)
- 3 lonjas de tocino
- 2 hojas de col
- 2 cebolletas
- salsa okonomiyaki
- queso derretido
- 2 cucharadas de hojuelas de tempura
- hojuelas de bonito
- algas aonori
- mayonesa japonesa

Cómo preparar

a) Pica finamente el repollo y las cebolletas, luego corta el tocino en trozos pequeños. Cepille la parte superior de su pizza con salsa okonomiyaki, luego cubra con el repollo, el tocino, la cebolla tierna, el queso derretido y un buen chorro de mayonesa japonesa.

b) Cocine la pizza durante unos 15-18 minutos para cualquier persona que use su propia masa casera o según las Instrucciones para bases prefabricadas.

c) Adorne con okonomiyaki o salsa marrón, hojuelas de tempura, hojuelas de bonito y alga aonori.

31. Pizza japonesa con masa de queso

Porciones: 12 Pizzas

Ingredientes

- 3 tazas de queso cheddar rallado
- 6 rebanadas de espárragos
- 6 Rebanadas Deli Jamón/Pavo
- 1 champiñón común entero o cualquier hongo de su elección
- 3-4 cucharadas de Kewpie Mayo se pueden sustituir con mayonesa normal

Direcciones

a) Caliente el horno a 425F.

b) Lave y corte los espárragos según sea necesario. Corte los espárragos en mitades o aproximadamente 2 pulgadas de largo. Dejar de lado.

c) Corte el fiambre en cuartos y déjelo a un lado.

d) Rebane el champiñón opcional y reserve.

e) Cubra una bandeja para hornear con una estera de silicona para hornear (el papel pergamino también funciona).

f) Coloque 1/4 de taza de queso rallado en la placa de silicona para hornear y extienda el queso para formar un círculo de aproximadamente 2 a 3 pulgadas de diámetro.

g) Coloque un trozo de fiambre cortado en la parte superior central de cada masa de pizza, seguido de un trozo de espárrago y un champiñón opcional.

h) Una vez que el horno alcance la temperatura, hornee en el centro del horno durante 8-10 minutos hasta que el queso burbujee y los bordes comiencen a dorarse ligeramente.

i) Una vez hecho, retira la bandeja del horno y deja que el queso se enfríe (unos 3-4 minutos). Cubra con un chorrito de Kewpie Mayo y disfrute como una pizza.

32. Pizza Calzone Japonesa

Ingredientes

- 1 paquete de envoltorios de gyoza/ dumpling/ wonton (~20 en un paquete)
- Salsa de tomate para pizza
- Queso mozzarella
- Hierbas mixtas (opcional)
- Sal

Direcciones

a) Coloque todos los envoltorios de bola de masa en una superficie plana y agregue una cucharada de salsa para pizza, un puñado pequeño de queso y algunas hierbas (si las usa).

b) Foto del paso 1 de la receta Pizza japonesa calzone

c) Sumerge un dedo en agua y pásalo por el borde del envoltorio para humedecer. Ahora dóblelo por la mitad con las manos (o use una prensa pequeña) y pellizque el borde húmedo para sellar.

d) Foto del paso 2 de la receta Pizza japonesa calzone

e) Cubra ambos lados con aceite, ya sea sumergiéndolos en un tazón pequeño o usando un cepillo para cubrir. Colóquelos en una bandeja para hornear cubierta con papel de aluminio.

f) Foto del paso 3 de la receta Pizza japonesa calzone

g) Hornee en el horno a 200 grados Celsius (~400 F) durante unos 7 minutos, hasta que se vuelvan crujientes y dorados. ¡Disfrutar!

33. Tostada de pizza al estilo japonés

1 porcion

Ingredientes

- 1 rebanada de pan grueso Pan de molde
- 1 loncha de queso tipo melting en lonchas
- 25 gramos de pollo teriyaki o salchicha
- 1 pizca de repollo
- 1 cucharada de salsa Okonomiyaki
- 1 mayonesa

Direcciones

a) Extienda la salsa de okonomiyaki sobre el pan y coloque encima el repollo finamente desmenuzado.

b) Foto del paso 1 de la receta Tostadas de pizza al estilo japonés

c) Corta la rebanada de queso en 2 y colócala sobre el pan. Cortar el pollo teriyaki o la salchicha en trozos fáciles de comer y esparcir por encima. Por último, pon tanta mayonesa como quieras.

d) Foto del paso 2 de la receta Tostadas de pizza al estilo japonés

e) Cocine en el horno tostador hasta que se dore, ¡y listo! ¡Disfruta mientras estás caliente!

SOPAS Y CALDOS

34. Sopa De Conchas De Pasta Al Romero

Porciones: 4

Ingredientes:

- 2 cucharaditas de aceite de oliva
- 1/2 taza de conchas de pasta de trigo integral o 1/2 taza de conchas 1 diente de ajo, finamente picado
- pasta
- 1 chalote, finamente picado
- 1 cucharadita de romero
- 3 -4 C. de caldo de pollo sin grasa o 3 -4 C.
- 3 tazas de espinacas baby, limpias y cortadas
- caldo de verduras
- 1/8 cucharaditas de pimienta negra
- 1 (14 1/2 oz.) lata de tomates cortados en cubitos
- 1 pizca de hojuelas de pimiento rojo triturado
- 1 lata (14 1/2 oz.) de frijoles blancos (cannellini
- u otro)

Direcciones:

a) Coloque una cacerola grande a fuego medio. Calentar el aceite en él. Agregue el ajo y la chalota y cocínelos durante 4 minutos.

b) Agregue el caldo, los tomates, los frijoles y el romero, la pimienta negra y roja. Cocínalos hasta que empiecen a hervir. Agregue la pasta y cocine a fuego lento la sopa durante 12 minutos.

c) Agregue las espinacas y cocine a fuego lento la sopa hasta que se marchite. Sirva la sopa caliente.
d) Disfrutar.

35. Sopa de pasta de campana

Porciones: 8

Ingredientes:

- 1 cucharada de aceite de oliva
- 1 1/2 taza de frijoles rojos cocidos
- 1 cebolla, picada
- 2 cucharaditas de tomillo fresco picado
- 2 dientes de ajo, picados
- 1/2 taza de espinacas picadas
- 1 pimiento rojo picado
- 1 taza de pasta de concha
- 3 tazas de caldo de pollo bajo en grasa y bajo en grasa
- pimienta negra molida al gusto
- 1 taza de tomates enteros enlatados, picados

Direcciones:

a) Coloca una olla grande a fuego medio. Calentar el aceite en él. Agrega la cebolla y el ajo y luego cocínalos durante 5 minutos. Agregue el pimiento y cocínelos durante 3 minutos.
b) Agregue el caldo, los tomates y los frijoles. Cocínalos hasta que empiecen a hervir. Baje el fuego y cocine a fuego lento la sopa durante 20 minutos.
c) Agregue el tomillo, las espinacas y la pasta. Cocine la sopa durante 5 minutos. Ajuste la sazón de la sopa. Sírvelo tibio.
d) Disfrutar.

36. Sopa De Tomate Seco Ahumado

Porciones: 8

Ingredientes:

- 2 rebanadas de tocino de pavo, finamente picado
- 1 manojo de acelgas rojas o blancas
- 1 cebolla, picada
- 1/4 taza de pasta pequeña cruda, como orzo o
- 1 diente de ajo, picado
- 1/4 cucharaditas de nuez moscada recién rallada
- 5 hojas grandes de salvia fresca, picadas
- 1/8 cucharaditas de hojuelas de pimiento rojo triturado
- 5 hojas de albahaca fresca, picada en trozos grandes
- 1 cucharada de queso parmesano rallado, dividido
- 6 tazas de caldo de pollo, o más según sea necesario
- 1 lata (15 oz.) de frijoles cannellini, escurridos y
- 1 cucharada de aceite de oliva virgen extra, dividido
- 2 cucharadas de tomates secos picados
- 2 onzas. corteza de queso parmesano

Direcciones:

a) Coloque una cacerola grande a fuego medio. Agregue el tocino, la cebolla, el ajo, la nuez moscada y las hojuelas de pimiento rojo, luego cocínelos durante 5 minutos.
b) Agregue el caldo de pollo y los frijoles cannellini, luego cocínelos hasta que comiencen a hervir. Agrega los tomates secos y el trozo de corteza de queso parmesano.
c) Cocine la sopa a fuego lento durante 10 minutos.

d) Corta los tallos de la acelga en lingotes de 3/4 de pulgada y las hojas en rebanadas de 1 pulgada de ancho. Agregue los tallos con pasta a la sopa y luego cocínelos durante 10 minutos a fuego lento.
e) Agregue las hojas de acelga en rodajas, la salvia y la albahaca, luego cocine durante 5 minutos a fuego lento. Sirva la sopa caliente con queso.
f) Disfrutar.

37. Sopa picante y amarga china

Porciones: 1

Ingredientes:

- 1 paquete (3 oz.) de fideos ramen
- 2 tazas de agua
- 1/8 taza de champiñones, en rodajas finas
- 1 cucharada de vinagre de arroz
- 1/8 cucharaditas de salsa de chile
- 1 huevo batido
- 1/8 taza de carne, cocida, cortada en rodajas finas.
- 1 cebolla verde

Direcciones:

a) En una sartén, agregue 2 tazas de agua tibia, fideos ramen y champiñones y deje hervir.
b) Agregue el vinagre de arroz y la salsa de chile y cocine durante unos 5-7 minutos.
c) Reduzca el fuego a medio.
d) Agregue la carne en rodajas y revuelva para combinar.
e) Rocíe muy lentamente, agregue el huevo batido, revolviendo continuamente.
f) Divida la sopa en tazones para servir y sirva caliente con una pizca de cebolla en rodajas.

38. caldo tonyu

Ingredientes:

- 500 g de huesos de pavo (rotos)
- 1 litro de leche de soja
- 20 g de jengibre (en rodajas)
- 1 rama de puerro (finamente picado)
- sal
- 400ml de agua

Direcciones:

a) Coge una cacerola grande y añade los huesos de pavo, el puerro, el jengibre y 400 ml de agua.

b) Deje que todo se cocine durante unos 15 minutos con la tapa cerrada.

c) Abra la tapa y espere hasta que el caldo se haya reducido a aprox. 100-150 ml.

d) Agrega la leche de soya y deja cocinar por otros 10 minutos. Advertencia: la leche de soya se quema fácilmente.

e) Colar el caldo. Ponga 235 ml cada uno en un tazón de sopa. Agregue la pasta y los aderezos que desee.

39. caldo de miso

Ingredientes:

- 1 zanahoria mediana (pelada y picada en trozos grandes)
- ½ cebolla (pelada y picada en trozos grandes)
- ½ manzana (sin corazón, pelada y cortada en trozos grandes)
- 1 tallo de apio (cortado toscamente)
- 3 dientes de ajo (pelados)
- 120 ml de aceite de coco
- 2 cucharadas de aceite de sésamo
- 340 g de carne molida
- 2 cucharaditas de jengibre fresco (en rodajas)
- 1 cucharadita de Sriracha
- 2 cucharadas de salsa de soja
- 1 cucharadita de vinagre de sidra de manzana
- 1 cucharadita de sal
- 1 cucharada de sésamo
- 175 ml Shiro Miso (miso blanco, ligero y dulce)
- 175 ml Akamiso Miso (miso rojo, oscuro y salado)
- 475 ml de caldo de pollo o de verduras

Direcciones:

a) Enganche finamente la zanahoria, la cebolla, la manzana y el apio.

b) Pon el aceite de coco y 1 cucharadita de aceite de sésamo en una sartén grande a fuego medio. Luego, las verduras y frutas picadas se fríen en la sartén durante unos 10-12 minutos, hasta que la cebolla esté transparente y la manzana esté ligeramente dorada. Luego reduzca un poco el fuego.

c) Agregue el hidromiel a la sartén y espere unos 8-10 minutos hasta que el hidromiel ya no esté rosado. Añade el jengibre, la salsa de soja, el vinagre de sidra de manzana y la sal y revuelve todo bien.

d) Ponga toda la mezcla en el procesador de alimentos hasta que la carne esté finamente molida. Como alternativa, puede, por ejemplo, B. utilizar un machacador de patatas.

e) Agregue las semillas de sésamo y el miso a la mezcla y revuelva bien. La consistencia debe ser como una pasta espesa. Esto crea la base de miso.

f) Llevar a ebullición el caldo de verduras o de pollo. Agregue 6 cucharaditas de base de miso.

g) Coloque la sopa preparada en dos tazones (aprox. 235 ml cada uno) y agregue la pasta y los aderezos que desee.

40. caldo dashi

Ingredientes:

- 10 g de kombu
- 10 g de copos de bonito
- 720ml de agua

Direcciones:

a) Toma una olla y pon las hojuelas de bonito en una olla y el kombu en la otra.

b) Lleve ambas ollas a ebullición y luego déjalas cocer a fuego lento durante 1 hora.

c) Finalmente, cuele los ingredientes y agregue los dos brebajes juntos.

d) Ponga 235 ml cada uno en un tazón de sopa. Agregue la pasta y los aderezos que desee.

41. caldo tonkotsu

Ingredientes:

- Seabura (lomo de cerdo cocido)
- 700 g de lomo de cerdo cortado en tiras
- agua

caldo tonkotsu

- 225 g de patas de pollo (lavadas, sin piel y sin dedos)
- 3,6 - 4,5 kg de codillo de cerdo (roto, para tuétano)
- 455 g de patatas (peladas y cortadas en bastones)
- 4,7 litros de agua
- Shiodare (para el sabor salado)
- 1 trozo rectangular grande de kombu (aprox. 25 cm de largo, cortado toscamente)
- 2 champiñones shiitake secos pequeños (triturados)
- 946ml de agua
- 2 cucharaditas de hojuelas de bonito
- 300 g de fundas para alfombras
- 140 g de sal
- Shoyudare (para el sabor a salsa de soja)

Direcciones:

a) Antes de empezar, prepara chashu.

b) Comience con el Seabura: ponga el lomo de cerdo en una cacerola y cubra con agua. Lleve el agua a ebullición brevemente y déjela hervir a fuego lento durante 4 horas.

c) Cocinar el caldo Tonkotsu: Hervir el agua en una cacerola aparte. Blanquee las patas de pollo, séquelas y colóquelas en una olla a presión con el codillo de cerdo y las papas. Cubrir todo con 4,7 litros de agua. Asegúrate de que el agua y otros ingredientes no llenen más de la mitad de tu olla.

d) Caliente la olla hasta que salga vapor de la válvula de presión (esto puede tardar hasta 20 minutos). Espere aprox. 10 minutos hasta que la olla se llene de vapor. Ponga el fuego al nivel más alto y déjelo cocinar durante una hora.

e) Preparación del Shiodare: Tome una cacerola mediana y hierva el kombu, los hongos shiitake y 950 ml de agua. Reducir el fuego y fueron unos 5 minutos. Retire los hongos kombu y shiitake y transfiera el líquido a una cacerola mediana limpia.

f) Añadir las escamas de bonito al líquido, llevar a ebullición. Deja que hierva a fuego lento durante 5 minutos. Exprimir las escamas de bonito y retirarlas de la sopa. Ponga la sopa en una cacerola mediana limpia.

g) Llevar la sopa a ebullición y agregar las almejas. Deja que hierva a fuego lento durante 5 minutos. Retire los mejillones con un colador. Transfiera un litro del caldo a una cacerola nueva y agregue la sal (140 g).

h) Después de una hora, retira la olla a presión de la estufa y libera la presión. Machaca los huesos de cerdo para exponer la médula ósea. Cocine todo a baja temperatura durante una hora más, revolviendo una y otra vez.

i) Agregue una cucharadita de chashu y shiodare a los tazones de sopa que planea usar con la comida.

j) Retira el lomo de cerdo que hierve a fuego lento de la estufa y vierte el agua. Cortar la carne en trozos más pequeños (unos 5 cm). Empuje la carne entera pieza por pieza a través de un colador grueso para trocearla. Seabura está listo.

k) Cuele la sopa de la olla a presión y póngala en una cacerola aparte y manténgala caliente. Vuelva a hervir la sopa justo antes de servir.

l) Corta el Chashu en trozos de 6 mm y fríelos en una sartén hasta que estén crujientes.

m) Para terminar su sopa, agregue la sopa Tonkotsu bien caliente (235 ml) al tazón de sopa. Agregue una cucharadita de Seabura a cada porción. Agregue la pasta y los aderezos que desee.

42. caldo shoyu

Ingredientes:

- 4 cucharaditas de aceite de coco
- 2 zanahorias medianas (peladas y picadas)
- ½ cebolla (pelada y picada en trozos grandes)
- 3 cebolletas (en rodajas)
- 1 manzana (sin corazón, pelada y cortada en trozos grandes)
- 2 tallos de apio (cortados toscamente)
- 5 dientes de ajo (pelados)
- 5 hongos shiitake secos (partidos en trozos pequeños)
- 1 pollo entero
- 4 piezas de rabo de toro (aprox. 5 cm cada una)
- 1 limón (en cuartos)
- 2,2 litros de caldo de pollo bajo en sodio
- 175 ml de salsa de soja
- 4 cucharadas de gránulos de dashi
- 2 cucharaditas de sal
- ½ cucharadita de pimienta blanca
- 1 hoja de laurel

Direcciones:

a) Ponga el aceite de coco, las zanahorias, la cebolla, la manzana, el apio, el Konoblauch y el Shiitake Pile seco en la cacerola.

b) Luego agregar el pollo entero, el rabo de toro y el limón. Introduce la olla holandesa en el horno durante 8-10 horas y caliéntalo a 90 °C. Cuando el rabo de toro se despegue fácilmente del hueso, estará listo.

c) Use una cuchara ranurada para quitar las piezas más gruesas. Cuele el resto en una cacerola grande. Ahora debería tener una sopa marrón, brillante y rica en grasas.

d) Llevar la sopa a ebullición en una cacerola. Ponga 235 ml de la sopa en cada tazón de sopa. Agregue la pasta y los aderezos que desee.

43. caldo shio

Ingredientes:

- 1 zanahoria mediana (pelada y picada en trozos grandes)
- ½ cebolla (pelada y picada en trozos grandes)
- 3 cebolletas (en rodajas)
- ½ manzana (sin corazón, pelada y cortada en trozos grandes)
- 1 tallo de apio (cortado)
- 3 dientes de ajo
- 5 hongos shiitake frescos
- 120ml de aceite de coco
- 1 cucharadita de aceite de sésamo
- 3 cucharadas de gránulos de dashi
- 2 cucharaditas de sal

Caldo:

- 2 cucharaditas de mantequilla sin sal (por porción)
- Caldo de pollo o de verduras bajo en sodio (235 ml por ración)
- Mirin (vino de arroz dulce; 2 cucharaditas por porción)
- 1 trozo rectangular grande de kombu (aprox. 25 cm de largo, cortado toscamente)

- Champiñones shiitake secos (triturados; 2 champiñones por porción)

Direcciones:

a) Ponga la zanahoria, la cebolla, la cebolla tierna, la manzana, los dientes de ajo y las setas shiitake frescas en un procesador de alimentos y pique todo hasta que se forme una pasta.

b) Caliente el aceite de coco y el aceite de sésamo en una cacerola mediana a fuego medio. Agregue la pasta de frutas y verduras y cocine durante unos 10-12 minutos. Luego agregue los gránulos de dashi y la sal. Revuelva bien.

c) Para el caldo, pon la mantequilla en una cacerola grande y ponla a fuego medio. Cuando la mantequilla comience a dorarse ligeramente y huela a nuez, agregue el caldo de pollo o vegetales, el mirin, el kombu y los hongos shiitake secos. Llevarlo a ebullición.

d) Luego reduzca el fuego y déjelo hervir a fuego lento durante 15 minutos. Use una cuchara ranurada para quitar las piezas más gruesas. Añadir la base de verduras y frutas Shio.

e) Ponga 235 ml cada uno en un tazón de sopa. Agregue la pasta y los aderezos que desee.

44. Caldo dashi vegano

Ingredientes:

- 25 g de setas shiitake (secas)
- 10 g de kombu
- 1 litro de agua

Direcciones:

a) Tome una olla y ponga la pila de shiitake en una olla y kombu en la otra.

b) Lleve ambas ollas a ebullición y luego déjelas cocer a fuego lento durante 1 hora.

c) Finalmente, cuele los ingredientes y agregue los dos brebajes juntos.

d) Ponga 235 ml cada uno en un tazón de sopa. Agregue la pasta y los aderezos que desee.

45. Caldo Kotteri vegetariano

porciones: 8

Ingredientes:

- 500 g de calabaza moscada (aprox. 300 g pelados y cortados en trozos grandes)
- 2 cebollas (peladas y picadas en trozos grandes)
- 3 dientes de ajo (pelados)
- 100 g de setas shiitake frescas
- 6 hongos shiitake secos
- 6-8 g de kombu
- 2 litros de agua
- 2 cucharaditas de pimentón en polvo
- 2 cucharadas de jengibre (picado)
- 75 ml de salsa de soja
- 4 WL pasta de miso
- 3 cucharadas de vinagre de arroz
- 3 cucharadas de aceite de coco
- 2 cucharaditas de sal
- aceite de oliva

Direcciones:

a) Precalentar el horno a 250°C.

b) Tome una cacerola grande y hierva unos 2 litros de agua. Agregue los hongos shiitake secos y el kombu. Reduzca el fuego y deje que todo hierva a fuego lento durante aproximadamente 1 hora.

c) Mezclar la calabaza, la cebolla, el ajo y las setas shiitake frescas con un poco de aceite de oliva y pimentón y extenderlo sobre una placa de horno.

d) Cuece las verduras en el horno durante unos 15

e) minutos. Reduzca la temperatura a 225 ° C y cocine por otros 15 minutos.

f) Después de que el caldo haya hervido a fuego lento durante una hora, retire los champiñones y el kombu, y agregue las verduras y el jengibre. Deje que el caldo hierva a fuego lento durante 20 minutos con la tapa cerrada.

g) Haga puré el caldo finamente.

h) Luego agregue la pasta de miso, la salsa de soya, el vinagre de arroz, el aceite de coco y la sal y vuelva a hacer puré con el caldo. Si es necesario, el caldo se puede diluir con agua.

i) Ponga 235 ml cada uno en un tazón de sopa. Agregue la pasta y los aderezos que desee.

46. Caldo de verduras umami

porciones: 12

Ingredientes:

- 2 cucharadas de pasta de miso ligera
- 2 cucharadas de aceite de colza
- 2 cucharadas de agua
- 2 cebollas (peladas y picadas finamente)
- 2 zanahorias (peladas y picadas finamente)
- 4 tallos de apio (finamente picados)
- 1 rama de puerro (finamente picado)
- 1 bulbo de hinojo (finamente picado)
- 5 raíces de cilantro
- 1 cabeza de ajo (cortada por la mitad)
- $\frac{1}{2}$ manojo de perejil de hoja plana
- 5 hongos shiitake secos
- 20 g de kombu
- 2 cucharaditas de sal
- 1 cucharadita de pimienta negra
- 2 hojas de laurel

- ½ cucharadita de semillas de mostaza amarilla
- ½ cucharadita de semillas de cilantro
- 3,5 litros de agua

Direcciones:

a) Mezcle la pasta de miso con el aceite de colza y 2 cucharadas de agua y reserve.

b) Coloque las verduras, el kombu y los champiñones shiitake en una bandeja para hornear. Rocíe la pasta de miso mezclada sobre él. Dejar todo en el horno durante 1 hora a 150 °C. Darle la vuelta en el medio.

c) Luego ponga las verduras asadas en una cacerola grande. Agregue las especias y vierta el agua. Lleve todo a ebullición, reduzca el fuego y luego déjelo hervir a fuego lento durante 1,5 horas.

d) Ponga 235 ml cada uno en un tazón de sopa. Agregue la pasta y los aderezos que desee.

47. Sopa de Cebolla Clara

Porciones: 6

Ingredientes

- 6 tazas de caldo de verduras (también puede usar caldo de pollo o de res, o una combinación de ambos si lo tiene. Asegúrese de usar una variedad baja en sodio)
- 2 cebollas (picadas)
- 1 tallo de apio (picado)
- 1 zanahoria (pelada y cortada en cubitos)
- 1 cucharada de ajo (picado)
- $\frac{1}{2}$ cucharadita de jengibre (picado)
- 1 cucharadita de aceite de sésamo
- 1 taza de champiñones (en rodajas muy finas)
- $\frac{1}{2}$ taza de cebolletas (en rodajas)
- al gusto de sal y pimienta
- al gusto de salsa de soya (opcional)
- al gusto de Sriracha (opcional)

Direcciones

a) Rehogar las cebollas en una olla con un poco de aceite hasta que estén ligeramente caramelizadas. Unos 10 minutos.

b) Agregue la zanahoria, el apio, el ajo y el jengibre, el aceite de sésamo y el caldo. Sazone al gusto con sal y pimienta.

c) Llevar a ebullición y luego cocine a fuego lento durante 30 minutos.

d) Colar las verduras del caldo.

e) Agregue un puñado de cebolletas y champiñones en rodajas finas a los tazones. Sirve la sopa encima.

f) Opcional: Agrega un chorrito de salsa de soya y sriracha al gusto.

RISOTTO

48. Risotto balsámico

Rendimiento: 1 Porciones

Ingredientes

- 100 gramos de mantequilla
- ½ Cebolla
- 1 hoja de laurel
- 1 pizca de romero seco
- 300 gramos de arroz arborio
- 1 taza de caldo de verduras
- ½ litro Cabernet o barolo
- parmesano recién rallado
- Vinagre balsámico

Direcciones:

a) En una cazuela ponemos 50g de mantequilla, la media cebolla picada, el laurel y la pizca de romero y cocinamos a fuego medio hasta que la cebolla esté transparente.

b) Luego agregue el arroz y revuelva continuamente durante un minuto hasta que todo esté bien mezclado. Luego agregue una taza "buena" de caldo de verduras y hierva todo.

c) Añadir el medio litro de vino tinto y dejar evaporar el alcohol. Pasados los 15 minutos añadimos el parmesano recién rallado y los otros 50g de mantequilla.

d) Revuelva y luego deje que se cocine por otro minuto.

e) Justo antes de retirar del fuego añade un vasito de vinagre balsámico.

49. Risotto de arándanos con boletus

Rendimiento: 4 porciones

Ingredientes

- $8\frac{3}{4}$ onzas de boletus frescos, en rodajas
- 1 cebolla pequeña; picado muy fino
- $\frac{3}{4}$ onza de mantequilla
- 5 onzas de arroz para risotto; sin pulir
- $5\frac{1}{2}$ onzas de arándanos
- $\frac{1}{4}$ taza de vino blanco; seco
- $1\frac{3}{4}$ taza de Caldo
- $\frac{1}{4}$ taza de aceite de oliva
- 1 ramita de tomillo
- 1 diente de ajo; machacado
- 2 onzas de mantequilla

Direcciones:

a) En una cacerola calentar la mantequilla y sofreír la cebolla. Agregue el arroz y los arándanos, saltee brevemente. Humedecer con vino, cocinar hasta que se absorba; humedezca con el caldo y cocine hasta que estén tiernos.

Revuelva continuamente, si es necesario agregue un poco de caldo. Condimentar con sal y pimienta.

b) En una sartén calienta el aceite, saltea los champiñones, el ajo y el tomillo. Revuelva la mantequilla en el risotto. Pasa a platos calientes y decora con champiñones.

50. Risotto de zanahoria y brócoli

Rendimiento: 4 porciones

Ingredientes

- 5 tazas de caldo de pollo bajo en sodio; o caldo de verduras
- 1 cucharada de aceite de oliva
- 2 zanahorias enteras; finamente picado (1 taza)
- ½ taza de chalotes; Cortado
- 1 taza de hinojo; picado muy fino
- 2 tazas de arroz; (arborio)
- ¼ taza de vino blanco seco
- 2 tazas de floretes de brócoli
- 2 zanahorias enteras; rallado
- 2 cucharadas de queso parmesano rallado
- 1 cucharada de jugo de limón fresco
- 2 cucharaditas de ralladura de limón
- 2 cucharaditas de tomillo fresco; Cortado
- ½ cucharadita de sal
- Pimienta negra molida fresca; probar

Direcciones:

a) En una cacerola mediana, hierva el caldo. Baje el fuego para hervir a fuego lento. En una cacerola grande, ancha y de fondo grueso, caliente el aceite de oliva a fuego medio. Agregue las zanahorias y los chalotes cortados en cubitos y cocine hasta que los chalotes comiencen a ablandarse, aproximadamente 6 minutos.

b) Agregue el hinojo y el arroz y cocine, revolviendo constantemente, hasta que el arroz esté bien cubierto, de 1 a 2 minutos. Agrega el vino blanco y cocina hasta que se haya absorbido.

c) Agregue 1 taza de caldo hirviendo a fuego lento a la cacerola grande y continúe cocinando, revolviendo hasta que el caldo se absorba casi por completo. Continúe agregando el caldo, $\frac{1}{2}$ taza a la vez, revolviendo y cocinando hasta que el caldo se absorba y el arroz se desprenda del costado de la olla antes de cada adición.

d) Continúe hasta que se haya absorbido todo excepto 1 taza y $\frac{1}{2}$ del caldo, de 15 a 20 minutos.

e) Agregue el brócoli y las zanahorias ralladas y continúe cocinando y agregando el caldo, $\frac{1}{4}$ de taza a la vez, hasta que el arroz esté cremoso pero firme en el centro. Esto debería tomar otros 5 a 10 minutos.

f) Retire del fuego, agregue el queso parmesano, el jugo, la ralladura, el tomillo, la sal, la pimienta y sirva de inmediato.

51. Risotto de rebozuelos

Rendimiento: 2 porciones

Ingredientes

- 1 cebolla roja pequeña; picado finamente
- 1 diente de ajo; picado finamente
- 8 onzas de rebozuelos
- 1 cucharada de hojas de albahaca fresca; Cortado
- 3 onzas de mantequilla
- 2 onzas de queso parmesano fresco; rallado (opcional)
- 6 onzas de arroz italiano Risotto
- 5 onzas de vino blanco
- 15 onzas de caldo de verduras

Direcciones:

a) En una sartén grande, sofreír suavemente la cebolla y el ajo en la mitad de la mantequilla, hasta que estén suaves y dorados. Agregue la albahaca y los rebozuelos y cocine por unos minutos.

b) Añadir el arroz, sofreír durante un minuto, sin dejar de remover.

c) Vierta el vino y la mitad del caldo, lleve a ebullición, cubra la cacerola y cocine a fuego lento. Verifique de vez en cuando para ver si el arroz se está secando, y agregue más caldo si es así.

d) Cuando el arroz esté recién cocido, agregue el resto de la mantequilla y el queso. Cocine por unos minutos más, revolviendo.

e) Sirva con una ensalada verde y un poco de chapata.

52. Risotto de boletus y trufa

Rendimiento: 4 porciones

Ingredientes:

- 25 gramos de mantequilla; (1 onza)
- 1 cucharada de aceite de oliva
- 1 cebolla mediana; picado muy fino
- 250 gramos de arroz Arborio para risotto; (8 oz)
- 2 cubos de caldo de verduras
- 2 paquetes de 20 g de champiñones porcini
- 2 cucharadas de queso mascarpone
- 1 cucharadita de crema de trufa
- Sal y pimienta negra recién molida
- virutas de parmesano

Direcciones:

a) Caliente la mantequilla y el aceite de oliva en una sartén grande y poco profunda, agregue la cebolla y, a fuego moderado, saltee suavemente durante 3-4 minutos. Agregue el arroz y cocine por un minuto más cubriendo el arroz con el aceite.

b) Agregue gradualmente el caldo caliente, revolviendo todo el tiempo, agregando caldo adicional a medida que se haya absorbido el caldo. Repita este proceso hasta que se haya incorporado todo el caldo, esto tomará aproximadamente 20 minutos.

c) Finalmente incorporar los hongos porcini y el líquido reservado, el mascarpone, la crema de trufa y sazonar con sal y pimienta negra recién molida y calentar 1-2 minutos más. Servir inmediatamente con virutas de parmesano.

53. Risotto Puschlaver

Rendimiento: 4 porciones

Ingredientes:

- 30 gramos Semillas secas u otro hongo
- 100 gramos de mantequilla
- 1 x Cebolla picada fina
- $\frac{1}{8}$ cucharadita de azafrán, picado pequeño
- 1 decilitro de vino tinto
- 350 gramos Arroz risotto (Arborio)
- Caldo de 8 decilitros
- 100 gramos queso rallado
- 250 gramos de ternera, cortada en tiras finas
- 1 decilitro de nata espesa
- 2 tomates, pelados y en cubos
- 1 manojo de perejil, picado fino

Direcciones:

a) Remoje los champiñones, luego escúrralos y séquelos bien. Reserve el líquido de remojo.

b) Derrita 40 g de mantequilla en una sartén: agregue la cebolla, los champiñones, el ajo y saltee rápidamente; luego agregue el vino tinto y baje el fuego para que se absorba en parte. Luego agregue el arroz y el azafrán y revuelva bien. Agregue el caldo y el agua de champiñones, revuelva y reduzca el fuego a fuego lento.

c) Cocine lentamente hasta que se absorba el líquido. El arroz debe estar al dente. -- La mantequilla y el queso rallado se echan con el risotto cuando esté completo.

d) Enharinar ligeramente la ternera y saltearla en más mantequilla; cuando esté hecho, bajar el fuego y añadir la nata, removiendo con cuidado. Haga una "abolladura" en el centro del risotto y vierta la mezcla de ternera y nata.

e) Como guarnición, saltear los tomates y el perejil en el resto de la mantequilla y esparcir por encima del risotto.

f) Servir.

54. Risotto con champán

Rendimiento: 4 porciones

Ingredientes:

- 1 onza de champiñones secos
- 3 cucharadas de mantequilla
- 2 cucharadas de aceite de oliva
- ¼ cebolla amarilla; picado grueso
- 1½ taza de arroz Arborio italiano; crudo
- 3 tazas de caldo de pollo; fresco o enlatado
- 1 taza de champán o vino blanco seco
- ½ taza de crema para batir
- Sal; probar

Direcciones:

a) Remoje los champiñones en 1 taza de agua caliente hasta que estén suaves, aproximadamente 1 hora. Drene y use el líquido para algún otro propósito, tal vez un caldo de sopa. No use el agua de champiñones en el risotto porque cubrirá el sabor de la crema y el vino. Picar los champiñones. Caliente una cacerola pesada de 4 cuartos y agregue la mantequilla, el aceite, las cebollas y los champiñones.

b) Cocine hasta que las cebollas estén claras, luego agregue el arroz. Revuelva con cuidado para que cada grano se cubra con el aceite. En una sartén aparte, hierva a fuego lento el caldo de pollo.

c) Agregue 1 taza de caldo al arroz, revolviendo para asegurar un buen plato cremoso. Continúe agregando caldo a medida que se absorbe. Cuando el caldo se haya absorbido, agregue el champán y continúe cocinando, revolviendo suavemente.

d) Cuando el arroz comience a ablandarse, agregue la crema y cocine hasta que el arroz esté tierno pero todavía un poco masticable. Probar de sal y servir inmediatamente.

55. Risotto de setas con pecorino

Sirve 2

Ingredientes:

- boletus secos 25g
- cubo de caldo de verduras 1
- aceite de oliva 2 cucharadas
- champiñones castaños 200 g, en cuartos
- mantequilla 25g
- 3 chalotes, finamente picados
- ajo 1 diente, machacado
- arroz arborio 150g
- vino blanco 1 copa
- espinacas 100 g, picadas
- pecorino (o alternativa vegetariana) 50 g, finamente rallado, y un poco más para servir, si lo desea
- limón 1, rallado

Direcciones:

- Coloque los boletus en un bol pequeño, vierta 300 ml de agua hirviendo y déjelos en remojo durante 15 minutos.
- Cuele el líquido a través de un colador fino en una jarra y complete con agua hirviendo hasta 600 ml. Desmenuzar en el

cubito de caldo o agregar 1 cucharadita de caldo en polvo o líquido. Picar los porcini en trozos grandes.

- Caliente 1 cucharada de aceite de oliva en una sartén antiadherente ancha y poco profunda y agregue los champiñones castaños.

- Freír, manteniendo el fuego bastante alto, hasta que los champiñones estén dorados y encogidos un poco (esto ayudará a concentrar el sabor). Raspe los champiñones de la sartén en un tazón y limpie la sartén.

- Agregue 1 cucharada de aceite y la mantequilla a la sartén y cocine los chalotes y el ajo hasta que se ablanden. Agregue el arroz porcini y el risotto, y revuelva hasta que esté cubierto. Vierta el vino y cocine a fuego lento hasta que se absorba todo.

- Añadir poco a poco el líquido del caldo de porcini, removiendo hasta que el arroz esté casi tierno, luego añadir los champiñones castaños.

- Agregue lo último del caldo junto con las espinacas, el pecorino y la ralladura de limón.

- Retire del fuego, coloque una tapa y deje reposar durante 5 minutos antes de servir en tazones con queso extra, si lo desea.

56. Risotto de arroz salvaje y setas

Para 4 personas

Ingredientes:

- ajo 1 bulbo entero
- aceite de oliva
- chalotes 4, finamente picados
- vino blanco 125ml
- mezcla de arroz salvaje 300g
- 2 ramitas de tomillo, hojas recogidas
- caldo de verduras 2 litros, calentado
- arroz arborio 100g
- champiñones mixtos 200 g, limpios y cortados en rodajas
- crème fraîché baja en grasa 2 cucharadas

Direcciones:

- Caliente el horno a 200C/ventilador 180C/gas 6. Recorte la parte superior del bulbo de ajo para que la mayoría de los dientes queden expuestos.
- Frote con 1 cucharadita de aceite, sazone por todas partes, envuélvala bien en papel de aluminio y colóquela con el lado

cortado hacia arriba en una bandeja para hornear. Ase durante 30-40 minutos hasta que el ajo esté muy suave cuando lo presione.

- Caliente 1 cucharadita de aceite en una sartén y fría los chalotes hasta que estén tiernos. Agregue el vino y cocine a fuego lento hasta que se reduzca a la mitad, luego agregue la mezcla de arroz salvaje y la mitad del tomillo. Agregue el caldo 1/3 a la vez, revolviendo con frecuencia.

- Después de 20 minutos y de haber mezclado aproximadamente 2/3 del caldo, agregue el arborio y cocine por otros 20 minutos, o hasta que el arroz esté tierno. Agregue un poco de agua si se ha absorbido todo el caldo, pero el arroz no está cocido.

- Freír los champiñones en 1 cucharadita de aceite durante 5-10 minutos hasta que estén dorados y tiernos. Salpimentamos y añadimos las hojas de tomillo restantes.

- Revuelva los champiñones y la crème fraîché a través del risotto. Exprima los dientes de ajo para quitarles la piel y revuélvalos para servir.

57. Risotto de champiñones y espinacas

Sirve 2

Ingredientes:

a) boletus secos 25g

b) mantequilla 50g

c) cebolla 1 pequeña, finamente picada

d) ajo 1 diente, machacado

e) champiñones castaños 200 g, en rodajas

f) arroz risotto 150g

g) vino blanco una copa

h) caldo de verduras 750 ml, mantenido a fuego lento

i) espinacas 100 g, lavadas y picadas

j) unas virutas de parmesano (opcional)

Direcciones:

a) Remoje los porcini en una taza de agua hirviendo durante 10 minutos. Cuele el líquido a través de un colador para eliminar la arena y guárdelo para el risotto. Picar los porcini en trozos grandes.

b) Caliente la mantequilla en una sartén ancha y poco profunda y cocine la cebolla y el ajo hasta que se ablanden. Agregue los champiñones castaños y cocine por 5 minutos, luego agregue el arroz porcini y el risotto y revuelva hasta que estén cubiertos.

c) Vierta el vino y burbujee hasta que se absorba por completo. Agregue gradualmente el caldo y el líquido de remojo de porcini, revolviendo hasta que el arroz esté tierno pero todavía tiene un poco de sabor (es posible que no necesite todo el caldo).

d) Revuelva a través de las espinacas hasta que se ablanden. Sirva espolvoreado con un poco de parmesano si lo desea.

58. Pastel De Risotto Con Champiñones

8 porciones

Ingredientes:

e) aceite de oliva

f) 2 cebollas, finamente picadas

g) ajo 3 dientes, machacados

h) arroz risotto 350g

i) caldo de verduras 1 litro, caliente

j) champiñones silvestres 200g

k) mantequilla 25g, más una nuez

l) tomillo 5 ramitas

m) parmesano o grana padano (o alternativa vegetal) 85 g, rallado

n) ricota 150g

o) 2 huevos, batidos con un tenedor

p) taleggio o alternativa vegetariana 85 g, en rodajas finas

Direcciones:

- Calienta 2 cucharadas de aceite de oliva en una sartén grande y fríe la cebolla y el ajo suavemente hasta que estén bien suaves.

- Agregue el arroz durante un minuto, luego comience a agregar el caldo, un cucharón a la vez, permitiendo que cada cucharón se absorba antes de agregar el siguiente. Continúe cocinando y agregando caldo durante unos 20 minutos, hasta que el arroz esté tierno. Extender sobre una bandeja para que se enfríe y endurezca un poco.

- Mientras tanto, caliente el horno a 180C/ventilador 160C/gas 4. Unte con mantequilla un molde de 22 cm de profundidad con una base suelta. Vierta los champiñones en la sartén limpia con la mantequilla y las hojas de tomillo de 2 ramitas y fríalos hasta que estén dorados y tiernos.

- Vierta el arroz enfriado en un recipiente para mezclar con la mayoría de los champiñones, todo el queso parmesano, la ricota y los huevos, agregue mucho condimento y mezcle bien.

- Vierta la mezcla de arroz en la lata y presione firmemente para alisar la parte superior. Esparza sobre los champiñones restantes, el taleggio y las ramitas de tomillo y presione para que todo se pegue, luego rocíe con un poco de aceite de oliva.

- Hornear durante 25-30 minutos hasta que estén dorados y crujientes por encima. Enfriar durante 20 minutos, luego cortar en gajos y servir con ensalada.

59. Risotto de huevo y brotes de soja

Rendimiento: 4 porciones

Ingredientes

- 4 huevos
- 1 cebolla grande; finamente rebanado
- 1 pimiento verde; sin semillas y rebanado
- 2 cucharadas de aceite vegetal
- 125 gramos Champiñones; rebanado
- 225 gramos de trigo partido (bulgar)
- 400 gramos Tomates troceados premium enlatados
- 450 mililitros Caldo de verduras hecho con una pastilla de caldo
- 200 gramos de brotes de soja
- 4 cucharadas de salsa para saltear Satay
- Sal y pimienta negra recién molida
- Hojas de cilantro fresco para decorar, opcional

Direcciones:

a) Coloque los huevos en una cacerola con agua fría, hierva y cocine a fuego lento durante 7 minutos hasta que estén duros. Escurra, rompa las cáscaras inmediatamente, luego manténgalas bajo el chorro de agua fría hasta que se enfríen. Dejar en un recipiente hasta que se requiera.

b) Cocine la cebolla y el pimiento en el aceite en una sartén grande durante 3-4 minutos hasta que estén suaves. Añadimos los champiñones y el trigo partido, removemos todo bien, luego añadimos los tomates troceados y el caldo de verduras.

c) Lleve a ebullición, luego cocine a fuego lento durante 10 minutos hasta que el trigo esté bien hinchado y el caldo se haya absorbido casi por completo.

d) Mientras tanto, pele los huevos, pique tres en trozos grandes y corte el restante en cuartos y reserve.

e) Agregue los huevos picados a la mezcla de trigo y la salsa satay y caliente durante 2-3 minutos.

f) Sazone bien con sal y pimienta, luego convierta el risotto en un plato para servir tibio y adorne con el huevo restante y algunas hojas de cilantro fresco, si las usa.

60. Risotto de tomate y champiñones

Rendimiento: 1 raciones

Ingredientes

- 1 libra de tomates frescos; reducido a la mitad y sin semillas
- Chorrito de aceite de oliva
- Sal
- Pimienta negra recién molida
- 4 champiñones portobello medianos; despalillado y limpiado
- 1 libra de queso mozzarella fresco; rebanado
- 1 cucharada de aceite de oliva
- 1 taza de cebollas picadas
- 6 tazas de agua
- 1 cucharadita de ajo picado
- 1 libra de arroz arborio
- 1 cucharada de mantequilla sin sal
- $\frac{1}{4}$ taza de crema espesa
- $\frac{1}{2}$ taza de queso Parmigiano-Reggiano recién rallado
- 3 cucharadas de cebollas verdes picadas;

Direcciones:

a) Precaliente la parrilla a 400 grados. En un tazón, mezcle los tomates con el aceite de oliva, la sal y la pimienta. Coloque en la parrilla y cocine durante 2 a 3 minutos por cada lado. Retire de la parrilla y reserve. Precalentar el horno a 400 grados.

b) Coloque el hongo portobello en una bandeja para hornear forrada con pergamino, con la cavidad hacia arriba. Rocíe ambos lados de los champiñones con el aceite de oliva.

c) Sazone ambos lados con sal y pimienta. Airee una cuarta parte del queso sobre cada cavidad del champiñón.

d) Coloque en el horno y cocine hasta que los champiñones estén tiernos y el queso esté burbujeante, aproximadamente 10 minutos. Caliente el aceite de oliva en una sartén grande a fuego medio.

e) Agregue las cebollas. Condimentar con sal y pimienta. Saltee hasta que las cebollas estén ligeramente blandas, unos 3 minutos.

f) Agregue el agua y el ajo. Lleve la mezcla a ebullición, reduzca el fuego a medio y cocine a fuego lento durante unos 6 minutos.

g) Agregue el arroz y cocine a fuego lento, revolviendo constantemente hasta que la mezcla esté cremosa y burbujeante, aproximadamente 18 minutos. Agregue la mantequilla, la crema, el queso y las cebollas verdes.

h) Cocine a fuego lento durante unos 2 minutos, revolviendo constantemente. Retire del fuego y agregue los tomates. Para servir, corte cada portobello en cuartos. Vierta el risotto en cada plato para servir. Coloque 2 rebanadas de portobello sobre el risotto.

i) Decorar con perejil.

61. Risotto de espárragos y champiñones

Rendimiento: 4 porciones

Ingrediente

a) Aceite de oliva o de ensalada

b) 1½ libras de espárragos, con los extremos duros recortados y las lanzas cortadas en trozos de 1 1/2 pulgada

c) 2 zanahorias medianas, en rodajas finas

d) ¼ de libra de champiñones shiitake, sin los tallos y las tapas cortadas en rodajas de 1/4 de pulgada de grosor

e) 1 cebolla mediana, picada

f) 1 pimiento rojo mediano, cortado en tiras delgadas de 1 pulgada de largo

g) 2 paquetes (5.7 oz) de mezcla para risotto con sabor a primavera O sabor a champiñones

h) ramitas de perejil para decorar

i) Queso parmesano rallado (opcional)

Direcciones:

- En una cacerola de 4 cuartos a fuego medio-alto, en 1 cucharada de aceite de oliva o de ensalada caliente, cocine los espárragos hasta que estén dorados y tiernos pero crujientes. Con una espumadera, retira los espárragos a un tazón.

- En el aceite restante en la cacerola y aceite de oliva o para ensalada caliente adicional, cocine las zanahorias, los champiñones y la cebolla hasta que las verduras estén crujientes y comiencen a dorarse. Agrega el pimiento rojo; cocine, revolviendo, 1 minuto.

- Agregue la mezcla de risotto y 4 C de agua, a fuego alto, caliente hasta que hierva.

- Reduzca el fuego a bajo; cubra y cocine a fuego lento durante 20 minutos. Retire la cacerola del fuego. Agrega los espárragos; cubra y deje reposar 5 minutos para permitir que el arroz absorba el líquido.

- Para servir, vierta el risotto en un plato. Decorar con ramitas de perejil.

- Sirva con queso parmesano rallado, si lo desea.

62. Risotto con verduras de otoño

Rendimiento: 4 porciones

Ingredientes

- 2 cucharadas de aceite de oliva
- 2 cucharadas de mantequilla
- 1 cebolla picada
- 2 dientes de ajo, picados
- 1 taza de champiñones, en rodajas
- 1 calabacín, dados grandes
- 1 pimiento rojo dulce, cortado en cubitos
- 1 taza de granos de elote, cocidos
- 1 cucharadita de romero fresco, picado
- $\frac{1}{4}$ cucharadita de pimienta
- pizca de sal
- pizca de hojuelas de pimiento picante
- 1 cucharada de cáscara de limón, rallada
- $1\frac{1}{2}$ taza de arroz arbóreo
- $4\frac{1}{2}$ tazas de caldo de verduras/pollo
- $\frac{3}{4}$ taza de queso parmesano, recién rallado

- 1 cucharada de jugo de limón

Direcciones:

a) En una cacerola grande y pesada, caliente la mitad del aceite y la mantequilla a fuego medio; cocine la cebolla, el ajo y los champiñones, revolviendo, durante 5 minutos o hasta que se ablanden.

b) Agregue calabacín, pimiento rojo, maíz, romero, pimienta, sal y hojuelas de pimiento picante; cocine, revolviendo durante 3-5 minutos o hasta que el líquido se haya evaporado.

c) Remueve de la sartén y pon a un lado; mantener caliente

d) Caliente el resto del aceite y la mantequilla en la misma sartén a fuego medio-alto. Agrega la cáscara de limón y el arroz; cocine, revolviendo, durante 1 minuto. Agregue ½ taza de caldo; cocine, revolviendo constantemente, hasta que se absorba todo el líquido.

e) Continúe agregando caldo, ½ taza a la vez, cocinando y revolviendo hasta que cada adición se absorba antes de agregar la siguiente, hasta que el arroz esté tierno, de 15 a 18 minutos en total.

f) Agregue ½ taza de queso. Agrega el jugo de limón y la mezcla de vegetales; calor a través. Sazone con más sal y pimienta al gusto.

63. risotto vegano

Ingredientes

- 4 onzas de hongos shiitake secos
- 1/2 taza de agua hirviendo
- 2 1/2 tazas de caldo de verduras
- 1/4 taza de jugo de limón
- 2 tazas de espinacas (picadas)
- 1 cucharadita de sal marina (y más al gusto)
- 2 cucharadas de aceite de oliva (dividido)
- 2 dientes de ajo grandes (finamente picados)
- 1/2 taza de cebollas (finamente picadas)
- 8 onzas de champiñones crimini (en rodajas)
- 1 cucharadita de tomillo seco
- 1 taza de arroz arborio (sin cocer)
- 1/2 taza de vino blanco seco
- 1 cucharada de margarina de soja sin lácteos
- 1 1/2 cucharadas de levadura nutricional
- Pimienta negra (al gusto)

a) En un tazón pequeño resistente al calor, combine los hongos shiitake con el agua hirviendo y déjelos en remojo, sin tapar, durante 30 minutos. Escurra el líquido en una cacerola mediana y use los champiñones para otro propósito.

b) Agregue el caldo de verduras a la cacerola, hierva la mezcla, reduzca el fuego a fuego lento y cubra.

c) En un tazón pequeño, mezcle el jugo de limón, las espinacas y la sal. Dejar de lado.

d) En una cacerola separada de fondo grueso a fuego medio, caliente 1 cucharada de aceite de oliva. Agregue el ajo y las cebollas picados y cocine, revolviendo ocasionalmente, hasta que las cebollas estén tiernas y transparentes, aproximadamente de 6 a 8 minutos.
e) Agregue los champiñones crimini y el tomillo y cocine hasta que los champiñones estén suaves, unos 4 minutos más.
f) Agregue la cucharada restante de aceite de oliva y el arroz y, revolviendo constantemente, cocine hasta que el arroz esté cubierto de manera uniforme y haga ruidos de chasquidos y estallidos, aproximadamente 4 minutos.
g) Agregue el vino, revolviendo constantemente, hasta que todo el líquido se absorba por completo.
h) Vierta 3/4 taza del caldo hirviendo en el arroz y cocine, sin dejar de revolver, hasta que se absorba la mayor parte del líquido. Continúe agregando el caldo en incrementos de 3/4 de taza, permitiendo que el líquido se absorba antes de agregarlo nuevamente hasta que el arroz esté transparente alrededor de los bordes pero aún sólido en el medio y el arroz tenga una consistencia cremosa, aproximadamente 20 minutos.
i) Agregue la mezcla reservada de espinacas y jugo de limón y cocine durante aproximadamente 2 a 3 minutos, revolviendo constantemente, o hasta que las espinacas estén marchitas y de color verde brillante.

j) Agregue la margarina de soya sin lácteos y la levadura nutricional. Agregue sal y pimienta al gusto y sirva inmediatamente.

LASAÑA

64. Lasaña de Tofu con Carne Picada y Berenjenas

2 porciones

Ingredientes

- 1 bloque de tofu
- 100 gramos de carne picada
- 1 berenjena pequeña
- 1 rebanada de queso tipo melting (pizza cheese)

Ingredientes para condimentar:

- 2 cucharadas de salsa de tomate
- 1 cucharada de salsa Worcestershire japonesa

Direcciones

a) Envuelva el tofu en toallas de papel para drenar.

b) Freír la carne picada rápidamente y añadir la berenjena cuando la carne esté bien cocida.

c) Agregue el ketchup y la salsa Worcestershire japonesa y continúe friendo.

d) Corta el tofu horizontalmente por la mitad y colócalo en una fuente para gratinar. Si cubre el plato para gratinar con papel pergamino de antemano, será fácil de servir más tarde.

e) Coloque la salsa del Paso 4 en el Paso 5. Cubra con queso tipo derretido o use queso para pizza.

f) La carne ya está bien cocida, así que una vez que el queso esté dorado, estará listo.

65. Conchas De Pasta Rellenas Caprese

Hace: 4 porciones

Ingredientes:
- 15 proyectiles gigantes
- 2 tazas de queso ricota
- 1 taza de queso mozzarella, rallado
- ¾ taza de tomates secados al sol, envasados en aceite de oliva, picados y divididos uniformemente
- 2 cucharadas. de albahaca, fresca y picada
- pizca de sal y pimienta negra
- ½ taza de caldo de pollo, bajo en sodio
- ½ taza de crema espesa

Direcciones:

a) Calentar el horno a 350 grados.

b) Mientras el horno se calienta, coloque una olla grande de sopa con agua salada a fuego alto. Llevar a ebullición. Una vez que el agua comience a hervir, agregue las conchas de pasta. Cocine según las instrucciones del paquete hasta que estén tiernos. Escurrir y dejar enfriar.

c) Use un tazón grande para mezclar y agregue el queso ricotta, el queso mozzarella rallado, la albahaca picada y la mitad de los tomates. Sazone con una pizca de sal y pimienta negra. Revuelva bien para mezclar.

d) Luego use una cacerola pequeña, a fuego lento, para agregar el caldo de pollo, la crema y los tomates restantes. Lleve esta mezcla a fuego lento y cocine por 5 minutos.

e) Vierta la salsa en una fuente grande para hornear.

f) Vierta la mezcla de queso ricotta en las conchas y agréguela a la fuente para hornear. Vierta un poco de la salsa sobre las conchas.

g) Coloque en el horno para hornear durante 20 minutos o hasta que el queso se derrita. Retire y sirva de inmediato.

66. Bucatini con Pesto y Patatas Dulces

Hace: 4 porciones

Ingredientes:

- 1 camote, pelado y cortado en cubos
- 1 cebolla roja, cortada en gajos pequeños
- 1/3 taza + 2 Cucharadas. de aceite de oliva, dividido uniformemente
- pizca de sal y pimienta negra
- 4 tazas de col rizada, fresca y desgarrada
- ½ taza de perejil, de hoja plana y fresco
- 2 onzas de queso parmesano, recién rallado y extra para servir
- 1 diente de ajo
- 2 cucharaditas de ralladura de limón
- 1 ½ cucharadas. de jugo de limón, fresco
- 12 onzas de bucatini
- Piñones, ligeramente tostados y para servir

Direcciones:

a) Primero, caliente el horno a 425 grados.

b) Mientras se calienta el horno, use una bandeja para hornear grande y agregue las papas en cubos, los gajos de cebolla y las dos cucharadas de aceite de oliva. Mezcle para mezclar. Sazone con una pizca de sal y pimienta negra.

c) Coloque en el horno para hornear durante 24 a 26 minutos o hasta que las papas y los gajos de cebolla estén suaves.

d) Durante este tiempo, coloque la col rizada y el perejil picado en un procesador de alimentos. Pulse 5 veces o hasta que esté picado. Luego agregue el queso parmesano, el diente de ajo, la ralladura de limón fresco y el jugo de limón fresco. Pulse de nuevo por otras 12 veces.

e) Rocíe lentamente el 1/3 de taza restante de aceite de oliva en la mezcla y continúe pulsando. Sazone con una pizca de sal y pimienta negra.

f) A continuación, cocine la pasta en agua hirviendo hasta que esté blanda. Una vez cocida, escurrir la pasta y reservar. Asegúrate de reservar ¼ de taza del agua de la pasta.

g) Agregue la pasta cocida, el pesto recién hecho y las verduras asadas en un tazón grande. Mezcle para mezclar. Vierta el agua de la pasta y revuelva nuevamente para mezclar.

h) Servir inmediatamente con un topping de queso parmesano y los piñones tostados.

67. Horneado Alfredo De Pollo Búfalo

Hace: 6 porciones

Tiempo total de preparación: 55 minutos

Ingredientes:

- ¼ taza de salsa búfalo
- 2 tazas de pollo asado, cortado en cubitos
- 15 onzas de salsa alfredo
- 8 onzas de queso mozzarella, rallado
- 16 onzas de pasta de concha, cocida

Direcciones:

a) Primero, calienta el horno a 350 grados.

b) Mientras el horno se calienta, use un tazón pequeño y agregue la salsa de búfalo y el pollo cortado en cubitos. Revuelva bien para mezclar y reserve.

c) Usando un tazón mediano separado, agregue la salsa alfredo, la pasta de concha cocida y 3 onzas de queso mozzarella. Revuelva bien para mezclar y reserve.

d) Coloque la mitad de la mezcla de pasta en una fuente grande para hornear. Cubra con la mezcla de pollo y cubra con la mezcla de pasta restante. Espolvorea el queso mozzarella restante por encima.

e) Cubra con una hoja de papel de aluminio. Coloque en el horno para hornear durante 30 minutos.

f) Pasado este tiempo, retira el papel aluminio y continúa horneando por otros 5 a 10 minutos o hasta que el queso se derrita y burbujee.

g) Retire del horno y deje reposar durante 5 minutos antes de servir.

68. macarrones con queso y queso

Hace: 8 porciones

Ingredientes:

- 1 libra de macarrones de codo
- pizca de sal y pimienta negra
- 12 onzas de queso americano, blanco
- 8 onzas de queso cheddar, extra fuerte
- 6 cucharadas. de mantequilla sin sal
- 6 cucharadas. de harina para todo uso
- 4 tazas de leche, entera
- 2 latas de 8 onzas de tomates y chiles verdes, cortados en cubitos
- 1 lata de 8 onzas de chiles verdes, suaves
- $\frac{1}{2}$ taza de hojas de cilantro, frescas y picadas
- 1 taza de chips de tortilla, triturados
- $\frac{1}{2}$ cucharaditas. de chile en polvo

Direcciones:

a) Primero, caliente el horno a 425 grados.

b) Mientras el horno se calienta, cocina la pasta en una olla con agua según las instrucciones del paquete. Una vez cocida la pasta, escurrir y reservar.

c) En un tazón mediano, agregue el queso americano y el queso cheddar. Revuelva bien para mezclar.

d) Coloque un horno holandés grande a fuego medio. Agregue la mantequilla sin sal. Una vez que la mantequilla se derrita, agregue la harina. Batir hasta que quede suave y cocinar por 1 minuto. Agregue la leche y bata para mezclar. Continúe cocinando por 8 minutos o hasta que tenga una consistencia espesa.

e) Agregue los tomates enlatados y los chiles. Cocine por 2 minutos antes de retirar del fuego.

f) Agregue 4 tazas de la mezcla de queso y revuelva bien hasta que tenga una consistencia suave.

g) Agregue la pasta cocida y el cilantro. Mezcle bien para mezclar y sazone con una pizca de sal y pimienta negra.

h) Transfiera esta mezcla a una fuente grande para hornear engrasada.

i) Agregue los chips de tortilla, el chile en polvo y la taza de queso restante en un tazón pequeño. Revuelva bien para mezclar y espolvorear sobre la parte superior de la pasta.

j) Coloque en el horno para hornear durante 12 a 15 minutos.

k) Retire y sirva con una guarnición de cilantro.

69. Pajaritas Cremosas De Pollo Y Pesto De Brócoli

Hace: 4 porciones

Ingredientes:
- 2 tazas de brócoli, cortado en floretes
- pizca de sal y pimienta negra
- 1 manojo de albahaca, fresca y picada
- 2 dientes de ajo
- $\frac{1}{4}$ de taza de aceite de oliva, virgen extra
- 2 cucharaditas de ralladura de limón, fresca
- 3 onzas de queso parmesano, recién rallado
- 4 onzas de mascarpone
- 2 tazas de pollo asado, desmenuzado
- 1/3 taza de pecanas, tostadas y picadas
- $\frac{1}{2}$ libra de farfalle
- $\frac{1}{4}$ de cucharaditas. de hojuelas de pimiento rojo, triturado

Direcciones:

a) Primero, cocina el brócoli en un poco de agua con sal en una olla grande a fuego medio. Cocine por 5 minutos o hasta que estén blandas. Transferir a un tazón grande.

b) Agregue la pasta junto al agua y cocine de acuerdo con las instrucciones del paquete. Una vez que la pasta esté cocida, escurrir la pasta y reservar.

c) Use un procesador de alimentos y agregue la albahaca picada, los dientes de ajo, las hojuelas de pimiento rojo triturado y el queso parmesano. Pulse en la configuración más alta hasta que esté picado. Luego agregue el brócoli y pulse de 4 a 6 veces hasta que esté picado en trozos grandes. Sazone con una pizca de sal y pimienta negra.

d) Agregue el pesto en un tazón grande junto con el mascarpone. Agregue la pasta cocida y revuelva para cubrir. Agregue el pollo y doble suavemente para incorporar.

e) Servir inmediatamente.

70. Espaguetis con Cebolla Roja y Tocino

Hace: 6 porciones

Ingredientes:

- pizca de sal y pimienta negra
- 1 libra de espagueti
- 1 ¼ libra de tocino, corte grueso
- 1 cebolla roja, mediana y en rodajas finas
- 1 lata de 8 onzas de tomates, enteros y pelados
- .13 cucharaditas. de hojuelas de pimiento rojo, triturado
- 1 ½ onza de Pecorino Romano

Direcciones:

a) Llena una olla grande con agua con sal. Calienta a fuego medio y lleva el agua a ebullición. Una vez que hierva, agregue los espaguetis y cocine durante 8 a 10 minutos o hasta que estén tiernos. Una vez cocido, escurrir y reservar.

b) Coloque una sartén grande a fuego medio. Agregue el tocino y cocine por 5 minutos o hasta que esté suave.

c) Luego, agregue la cebolla roja en rodajas y continúe cocinando durante 10 minutos o hasta que las cebollas estén transparentes.

d) Agregue los tomates enlatados y las hojuelas de pimiento rojo triturado. Revuelva bien para mezclar y continúe cocinando por 8 minutos o hasta que la salsa se reduzca.

e) Agregue la pasta y ¼ de taza de agua de pasta en la sartén. Revuelva bien para mezclar.

f) Sazone con una pizca de sal y pimienta. Sirva con una pizca de Pecorino Romano.

71. Pasta Con Salchicha Y Brócoli Rabe

Hace: 6 porciones

Ingredientes:

- 12 onzas de salchicha de pollo italiana
- 2 cucharadas. de aceite de oliva, virgen extra
- 1 manojo de brócoli rabe
- ½ libra de pasta cavatelli
- 4 dientes de ajo

Direcciones:

a) Coloque la salchicha de pollo y ½ taza de agua en una sartén grande. Ponga la sartén a fuego bajo a medio. Tape y deje cocinar por 10 minutos. Pasado este tiempo escurrir la salchicha. Cortar la salchicha en rodajas de 1/3 de pulgada.

b) Usando la misma sartén, agregue el aceite de oliva y ponga a fuego medio a alto. Agregue la salchicha de pollo y cocine por 6 minutos o hasta que se dore. Retire y coloque la salchicha en un plato grande.

c) Coloque una olla grande de agua sazonada con sal a fuego medio. Agregue el brócoli rabe y cocine durante 1 a 2 minutos o hasta que las hojas estén ligeramente marchitas. Transfiera el brócoli a un colador grande y escúrralo.

d) Agregue los cavatelli a la olla y cocine de acuerdo con las instrucciones del paquete.

e) Usando la misma sartén colocada a fuego medio a alto, agregue el brócoli rabe y el ajo. Cocine por 4 minutos o hasta que el brócoli esté suave. Agregue la salchicha y reduzca el fuego a bajo.

f) Cuele los cavatelli cocidos y guarde ½ taza del agua de la pasta. Agrega el agua a la sartén y la pasta. Desglasar la sartén y revolver para mezclar.

g) Retire del fuego y sirva de inmediato.

72. macarrones con queso gruyere

Hace: 8 porciones

Ingredientes:

- 1 libra de macarrones de codo
- 3 tazas de queso gruyere, rallado
- 3 tazas de mitad y mitad
- 4 yemas de huevo, grandes
- 3 cucharadas. de mantequilla sin sal
- Pizca de sal

Direcciones:

a) Primero, calienta el horno a 325 grados.

b) Mientras el horno se calienta, coloque una olla grande de agua con sal a fuego medio o alto. Llevar el agua a ebullición. Una vez que el agua esté hirviendo, agregue los macarrones. Cocine de acuerdo con las instrucciones en el paquete. Una vez cocidos, escurrir los macarrones y enjuagar con agua corriente. Escurrir y colocar en un tazón grande.

c) Agregue 2 y 2/3 tazas de queso Gruyere en el tazón con los macarrones cocidos. Mezcle para mezclar.

d) Use un tazón pequeño y agregue la mitad y la mitad, las yemas de huevo grandes y 3 cucharadas de mantequilla derretida. Revuelva bien para mezclar y vierta esta mezcla sobre la pasta cocida.

e) Transfiera esta mezcla a una fuente grande para hornear. Cubra con una hoja de papel de aluminio.

f) Coloque en el horno para hornear durante 30 minutos. Pasado este tiempo retira el plato de macarrones del horno. Espolvorea el gruyere restante por encima.

g) Vuelva a colocar en el horno para hornear durante 20 a 25 minutos o hasta que la parte superior esté dorada.

h) Retire y sirva de inmediato.

73. Espaguetis de trigo integral con tomates cherry

Hace: 6 porciones

Ingredientes:

- 2 pintas de tomates cherry
- pizca de sal y pimienta negra
- 1 ramita de hojas de tomillo, frescas
- ½ taza de aceite de oliva, virgen extra
- 1 cucharadita. de aceite de oliva, virgen extra
- 1 libra de espaguetis, de trigo integral
- 1/3 taza de perejil, fresco y picado
- 6 cucharadas. de queso ricota

Direcciones:

a) Primero, calienta el horno a 325 grados.

b) Mientras el horno se calienta, coloque los tomates en una bandeja para hornear grande. Sazone con una pizca de sal y una pizca de hojas de tomillo. Rocíe ¼ de taza de aceite de oliva por encima.

c) Coloque en el horno para asar durante 20 a 25 minutos o hasta que estén blandas.

d) Coloque una olla grande de agua con sal a fuego medio. Llevar el agua a ebullición. Una vez que esté hirviendo, agregue los espaguetis. Cocine durante 8 a 10 minutos o hasta que estén blandas. Escurrir y colocar en un tazón grande.

e) Agregue el perejil picado, ¼ de taza de aceite de oliva y tomates asados en el tazón con los espaguetis cocidos. Sazone con una pizca de sal y pimienta negra. Mezcle para mezclar.

f) Sirva inmediatamente con 1 cucharada de queso ricotta y una cucharadita de aceite de oliva rociada por encima.

74. Fettuccine Alfredo

Hace: 6 porciones

Ingredientes:

- 24 onzas de pasta fettuccini, seca
- 1 taza de mantequilla
- ¾ pinta de crema espesa
- pizca de sal y pimienta negra
- pizca de sal de ajo
- ¾ taza de queso romano, rallado
- ½ taza de queso parmesano, rallado

Direcciones:

a) Llena una olla grande con agua con sal. Ponga a fuego medio a alto y hierva el agua. Una vez que el agua esté hirviendo, agregue la pasta fettuccini y cocine durante 8 a 10 minutos o hasta que esté suave. Una vez blanda, escurrir la pasta y reservar.

b) Luego use una cacerola grande y ponga a fuego lento. Agregue la mantequilla. Una vez que la mantequilla se derrita, agregue la crema espesa.

c) Sazone la salsa con una pizca de sal y pimienta negra. Sazone con una pizca de sal de ajo.

d) Agregue el queso romano y parmesano. Revuelva hasta que el queso se derrita y tenga una consistencia espesa.

e) Agregue la pasta a la salsa y revuelva para cubrir.

f) Retire del fuego y sirva de inmediato.

75. macarrones con queso con pollo

Hace: 4 porciones

Tiempo total de preparación: 1 hora y 20 minutos

Ingredientes:
- 3 cucharadas. de mantequilla sin sal
- 1 ½ cucharaditas de sal marina
- pizca de pimienta negra y sal
- ½ libra de pasta penne
- 1 cucharadas. de aceite de oliva, virgen extra
- 1 cebolla, pequeña y en rodajas finas
- 1 ½ taza de queso mozzarella, ahumado y rallado
- 1 ½ taza de pollo asado, cocido y desmenuzado
- 1 taza de Queso Parmigiano-Reggiano, rallado
- 1 cucharadas. de romero, fresco y picado en trozos grandes
- 3 cucharadas. de harina para todo uso
- 2 ½ tazas de leche, entera
- 2 dientes de ajo

Direcciones:

a) Primero, calienta el horno a 450 grados. Mientras el horno se calienta, enmantequilla una fuente grande para hornear.

b) Coloque una olla grande llena de agua con sal a fuego medio a alto. Una vez que el agua esté hirviendo, agregue la pasta penne. Cocine por 11 minutos o hasta que la pasta esté suave. Una vez suave. Escurra la pasta y pásela por agua fría. Escurra la pasta nuevamente y colóquela en un tazón grande.

c) Coloque una sartén mediana a fuego medio. Agregue el aceite de oliva y, una vez que el aceite esté lo suficientemente caliente, agregue la cebolla en rodajas y una pizca de sal marina. Cocine por 10 minutos o hasta que la cebolla esté suave y dorada. Agregue la cebolla a la pasta y revuelva para mezclar.

d) Agregue el queso mozzarella, el pollo asado, 2/3 de taza de queso parmesano y romero fresco en el tazón con la pasta y las cebollas. Mezcle para mezclar.

e) Use una cacerola mediana y póngala a fuego medio-bajo. Agregue la mantequilla. Una vez que la mantequilla se derrita, agregue la harina para todo uso. Batir durante 3 minutos o hasta que quede suave. Luego, agregue la leche y continúe batiendo hasta que se mezcle.

f) Agregue los dientes de ajo y $1\frac{1}{2}$ cucharaditas. de sal marina. Revuelva para mezclar y llevar la mezcla a fuego lento. Reduzca el fuego a bajo y continúe cocinando mientras bate hasta que la mezcla tenga una consistencia espesa. Tirar los dientes de ajo y agregar la salsa a la pasta.

g) Sazone con una pizca de pimienta. Mezcle para cubrir la pasta.

h) Transfiera la mezcla a la fuente para hornear engrasada.

i) Espolvorea el queso parmesano restante por encima y sazona con una pizca de pimienta.

j) Coloque en el horno para hornear durante 12 a 15 minutos o hasta que estén doradas. Retire y deje reposar durante 15 minutos antes de servir.

76. Rigatoni con salchicha, guisantes y champiñones

Hace: 6 porciones

Ingredientes:
- 1 ¼ de libra de salchicha italiana, dulce
- pizca de sal y pimienta negra
- 12 onzas de rigatoni
- 12 champiñones blancos, grandes
- ½ taza de vino blanco, seco
- 1 diente de ajo, entero
- 1 ramita de tomillo, fresco
- Hojas de tomillo, para decorar
- 1 ½ taza de guisantes, frescos
- 1 taza de crema espesa
- 2 cucharadas. de mantequilla sin sal

Direcciones:

a) Coloque una sartén grande a fuego medio. Agregue la salchicha y 1 ¼ tazas de agua. Cocine por 10 minutos antes de transferir a una tabla de cortar. Cortar en monedas gruesas. Tira el agua.

b) Usando la misma sartén a fuego medio a alto, agregue las monedas de salchicha y cocine durante 3 a 4 minutos por cada lado o hasta que se doren. Retire y coloque en un plato grande.

c) Durante este tiempo coloque una olla grande llena de agua con sal a fuego alto. Una vez que el agua esté hirviendo, agregue el rigatoni. Cocine de acuerdo con las instrucciones del paquete y luego escurra. Asegúrate de reservar 1/3 taza del agua de la pasta. Dejar de lado.

d) En la misma sartén a fuego medio a alto, agregue los champiñones. Cocine en la grasa de la salchicha durante 8 minutos o hasta que estén doradas.

e) Agregue el vino seco y desglase el fondo de la sartén.

f) Agregue la salchicha en la sartén. Agregue el agua de pasta reservada y los guisantes frescos. Agregue la crema espesa y revuelva para mezclar. Continúe cocinando durante 6 a 8 minutos o hasta que la mezcla tenga una consistencia espesa. Retire el tomillo y el ajo.

g) Agregue la mantequilla y sazone con una pizca de sal y pimienta negra.

h) Agregue el rigatoni cocido y revuelva para cubrir. Cocine durante 2 a 3 minutos.

i) Retire del fuego y sirva con una guarnición de tomillo.

77. Penne clásico a la vodka

Hace: 6 porciones

Tiempo total de preparación: 45 minutos

Ingredientes:

- 2 cucharadas. de aceite de oliva, virgen extra
- 2 dientes de ajo, picados
- 1 lata de 28 onzas de tomates, enteros y pelados
- ½ taza de albahaca, fresca y picada
- pizca de sal y pimienta negra
- ¼ taza de vodka
- 1 libra de pasta penne
- 1 pinta de crema espesa

Direcciones:

a) Coloque una sartén grande a fuego medio. Agregue el aceite de oliva y, una vez que el aceite esté lo suficientemente caliente, agregue el ajo. Cocine durante 1 a 2 minutos.

b) Agrega los tomates y rómpelos con un tenedor.

c) Agregue la albahaca picada y sazone con una pizca de sal y pimienta negra. Cocine a fuego lento durante 15 minutos.

d) Agregue el vodka y revuelva bien para incorporar. Continúe cocinando por 15 minutos adicionales.

e) Durante este tiempo hacer la pasta. Para hacer esto, coloque una olla grande llena de agua con sal a fuego alto. Una vez que el agua comience a hervir, agregue la pasta penne. Cocine durante 8 a 10 minutos o hasta que estén blandas. Escurrir y reservar.

f) Agregue la crema espesa a la salsa y continúe cocinando durante 10 minutos.

g) Retire del fuego y agregue la pasta cocida. Mezcle para mezclar y sirva inmediatamente.

78. Cazuela De Langosta Y Fideos

Hace: 4 porciones

Tiempo total de preparación: 1 hora

Ingredientes:

- 2 langostas, frescas
- 3 cucharadas. de sal
- ½ cucharaditas. de sal
- 3 cucharadas. de mantequilla
- 1 chalota
- 1 cucharadas. de pasta de tomate
- 3 dientes de ajo
- ¼ taza de brandy
- ½ taza de crema espesa
- 1 cucharadita. de pimienta negra
- ½ libra de fideos de huevo
- 1 cucharadas. de jugo de limón, fresco
- 6 ramitas de tomillo

Direcciones:

a) Lo primero que querrás hacer es cocinar las langostas. Para hacer esto, llene un tazón grande hasta la mitad con agua helada. Dejar de lado.

b) Luego, coloca una olla grande con agua a fuego alto. Agregue 3 cucharadas de sal y hierva el agua. Una vez que el agua esté hirviendo, sumerja las langostas. Reduzca el fuego a bajo y cocine tapado durante 4 minutos.

c) Después de este tiempo, transfiera inmediatamente las langostas al baño de hielo preparado.

d) Una vez enfriado, rompa las conchas y retire la carne de la cola y las patas. Ponga las conchas a un lado.

e) Picar la carne de langosta en trozos pequeños. Dejar de lado.

f) Primero calienta el horno a 350 grados. Mientras el horno se calienta, tome una fuente grande para hornear y cubra con 1 taza de harina y mantequilla.

g) Coloque una sartén mediana a fuego medio y agregue la mantequilla. Una vez que la mantequilla se derrita, agregue la chalota. Cocine durante 1 a 2 minutos o hasta que estén blandas.

h) Luego agregue las conchas de pasta reservadas, la pasta de tomate y el ajo. Revuelva bien para mezclar y cocine por 5 minutos.

i) Retire la sartén del fuego y agregue el brandy. Regresar al fuego y batir para mezclar. Reduzca el fuego a bajo y agregue 1 ½ tazas de agua. Deje que continúe cocinando durante 15 minutos o hasta que tenga una consistencia espesa.

j) Cuele la mezcla y agregue la crema, ½ cucharaditas. de sal, y 1 cucharadita. de pimienta negra.

k) Vierta la crema nuevamente en la sartén y agregue los fideos de huevo, la carne de langosta cocida y el jugo de limón fresco. Mezcle para cubrir.

l) Vierta la mezcla en la fuente para hornear preparada. Cubra con una hoja de papel de aluminio y coloque en el horno para hornear durante 20 minutos o hasta que la carne de langosta esté completamente cocida.

m) Retirar y servir inmediatamente con una guarnición de ramitas de tomillo.

79. Pajaritas con Salchicha, Tomates y Nata

Hace: 6 porciones

Ingredientes:

- 1 paquete de 12 onzas de pasta de pajarita
- 2 cucharadas. de aceite de oliva, virgen extra
- 1 libra de salchicha italiana, dulce, sin tripas y desmenuzada
- ½ cucharaditas. de hojuelas de pimiento rojo, triturado
- ½ taza de cebolla, picada
- 3 dientes de ajo, picados
- 1 lata de 28 onzas de tomates ciruela, italianos, escurridos y picados en trozos grandes
- 1 ½ tazas de crema espesa
- ½ cucharaditas. de sal
- 3 cucharadas. de perejil, fresco y picado

Direcciones:

a) Primero coloque una olla grande llena de agua con sal a fuego alto. Lleve el agua a ebullición y agregue la pasta de pajarita. Cocine durante 8 a 10 minutos o hasta que estén blandas. Escurrir y reservar.

b) Coloque una sartén grande a fuego medio. Agregue el aceite de oliva. Una vez que el aceite esté lo suficientemente caliente, agregue la salchicha y las hojuelas de pimiento rojo triturado. Cocine durante 5 a 10 minutos o hasta que se dore.

c) Luego, agregue la cebolla en rodajas y el ajo picado. Revuelva bien para mezclar y continúe cocinando durante 5 minutos o hasta que la cebolla esté suave.

d) Agregue los tomates, la crema espesa y $\frac{1}{2}$ cucharaditas. de sal. Revuelva para mezclar y deje cocinar a fuego lento durante 8 a 10 minutos.

e) Después de este tiempo, agregue la pasta cocida y revuelva para cubrir. Cocine durante 1 a 2 minutos o hasta que esté bien caliente.

f) Retire del fuego y sirva inmediatamente con una pizca de perejil fresco.

80. Pavo y Porcini Tetrazzini

Hace: 6 porciones

Ingredientes:
- 1 paquete de hongos porcini, secos
- 2 ½ taza de pavo asado, grande
- 8 onzas de fideos de huevo, anchos
- 3 cucharadas. de aceite de oliva, virgen extra
- 3 cucharadas. de chalotes, picados
- 1 cucharadita. de hojas de tomillo, frescas y picadas
- pizca de pimienta de cayena
- 3 cucharadas. de harina para todo uso
- 2 ½ tazas de leche, entera
- 1 cucharadas. de coñac
- ¼ de cucharaditas. de sal
- ½ taza de queso parmesano, rallado
- ½ taza de pan rallado

Direcciones:

a) Primero, calienta el horno a 325 grados.

b) Mientras el horno se calienta, agregue los champiñones en un tazón grande. Cubrir con agua y dejar en remojo durante unos minutos. Pasado este tiempo, escurre y reserva 1 ½ tazas del líquido del remojo. Pica los champiñones en trozos pequeños y agrégalos a un tazón grande.

c) En el tazón, agregue el pavo asado y los fideos de huevo. Mezcle para mezclar.

d) Coloque una sartén grande a fuego medio. Añadir un toque de aceite de oliva. Una vez que el aceite esté lo suficientemente caliente, agregue los chalotes en rodajas. Cocine por 5 minutos o hasta que estén blandas. Agregue las hojas de tomillo fresco y una pizca de pimienta de cayena. Continúe cocinando durante 2 minutos o hasta que los chalotes estén dorados.

e) Luego agregue la harina para todo uso y cocine durante 1 a 2 minutos o hasta que se dore.

f) Agregue la leche entera, el coñac y el líquido de remojo reservado. Desglasar el fondo de la sartén y sazonar con $\frac{1}{4}$ de cucharadita. de sal.

g) Lleve la mezcla a ebullición y luego vierta sobre la mezcla de fideos. Mezcle para cubrir.

h) Transfiera esta mezcla a una fuente para horno grande y cubra con una hoja de papel de aluminio. Coloque en el horno para hornear durante 25 minutos.

i) Luego, use un tazón pequeño y agregue el queso parmesano rallado y el pan rallado. Revuelva bien para mezclar.

j) Retire la cacerola del horno y espolvoree la mezcla de pan rallado por encima. Vuelva a colocar en el horno para hornear durante 10 minutos o hasta que estén doradas.

81. Pasta con Tomate y Mozzarella

Hace: 4 porciones

Tiempo total de preparación: 30 minutos

Ingredientes:

- $\frac{1}{2}$ libra de queso mozzarella, fresco
- $\frac{1}{2}$ cucharaditas. de sal marina
- 1 taza de aceite de oliva, virgen extra
- 4 cucharadas. de mantequilla
- 1 taza de cebolla Vidalia, en rodajas finas
- $\frac{1}{4}$ taza de ajo picado
- 1 libra de pasta penne
- 4 tazas de jitomates, en rama maduros
- $\frac{3}{4}$ taza de queso romano
- $\frac{1}{2}$ taza de albahaca, fresca y picada

Direcciones:

a) Use un tazón pequeño y agregue el queso mozzarella y $\frac{1}{2}$ cucharaditas. de sal. Revuelva para mezclar y reserve.

b) Llene una olla mediana con agua y luego póngala a fuego alto. Llevar el agua a ebullición.

c) Coloque una sartén grande a fuego medio a alto. Agregue el aceite y la mantequilla. Una vez que la mantequilla esté completamente derretida, agregue la cebolla y el ajo. Reduce el calor al mínimo. Cocine por 10 minutos o hasta que estén blandas.

d) Agregue la pasta al agua hirviendo. Cocine durante 8 a 10 minutos o hasta que estén blandas. Escurrir y reservar.

e) Agregue los tomates a las cebollas y el ajo. Aumente el fuego a medio o alto. Continúe cocinando durante 5 minutos o hasta que estén blandas.

f) Agregue la pasta cocida a la mezcla de tomate y cebolla. Mezcle para cubrir.

g) Retire del fuego y agregue la mezcla de mozzarella y $\frac{1}{4}$ de taza de queso romano. Revuelva bien para mezclar hasta que el queso se derrita.

82. Pasta cremosa de camarones al pesto

Hace: 8 porciones

Tiempo total de preparación: 30 minutos

Ingredientes:

- 1 libra de pasta linguini
- ½ taza de mantequilla
- 2 tazas de crema batida espesa
- ½ cucharaditas. de pimienta negra
- 1 taza de queso parmesano, rallado
- 1/3 taza de pesto
- 1 libra de camarones, grandes, pelados y desvenados

Direcciones:

a) Coloque una olla grande para sopa llena de agua con sal a fuego alto. Llevar el agua a ebullición. Una vez que hierva, agregue la pasta y cocine durante 9 a 11 minutos o hasta que esté suave. Una vez blanda, escurrir la pasta y reservar.

b) Coloque una sartén grande a fuego medio. Agregue la mantequilla. Una vez que la mantequilla se derrita, agregue la crema espesa. Sazone con ½ cucharaditas. de pimienta negra y revuelva para mezclar. Cocine durante 6 a 8 minutos, asegurándose de revolver con frecuencia.

c) Agrega el queso parmesano a la salsa. Revuelva bien hasta que se mezcle.

d) Agregue el pesto y cocine por 5 minutos o hasta que tenga una consistencia espesa.

e) Agregue los camarones y cocine por 5 minutos o hasta que adquieran un color rosado. Alejar del calor.

f) Sirve la salsa sobre la pasta cocida y disfruta de inmediato.

83. Tortellini De Espinaca Y Tomate

Hace: 6 porciones

Tiempo total de preparación: 40 minutos

Ingredientes:

- 1 paquete de 16 onzas de tortellini, queso
- 1 lata de 14.5 onzas de tomates con ajo y cebolla, cortados en cubitos
- 1 taza de espinacas, frescas y picadas
- ½ cucharaditas. de sal
- ¼ de cucharaditas. de pimienta negra
- 1 ½ cucharaditas. de albahaca, seca
- 1 cucharadita. de ajo picado
- 2 cucharadas. de harina para todo uso
- ¾ taza de leche, entera
- ¾ taza de crema espesa
- ¼ taza de queso parmesano, rallado

Direcciones:

a) Llena una olla grande para sopa con agua y ponla a fuego alto. Lleve el agua a ebullición y luego agregue los tortellini. Cocine la pasta hasta que esté tierna. Esto debería tomar 10 minutos.

b) Mientras se cocinan los tortellini, coloque una cacerola grande a fuego medio. Agregue las espinacas, los tomates enlatados, la sal y la pimienta negra, la albahaca seca y el ajo picado. Revuelva para mezclar y cocine por 5 minutos o hasta que la mezcla comience a burbujear en la superficie.

c) Luego use un tazón grande y agregue la harina para todo uso, la leche entera y la crema espesa. Revuelva para mezclar y vierta en la sartén. Agregue el queso parmesano. Bate hasta que quede suave y cocina por 2 minutos o hasta que tenga una consistencia espesa.

d) Escurrir la pasta y añadir a la sartén con la salsa. Revuelva para cubrir y retire del fuego. Servir inmediatamente.

84. Pasta de pollo cajún

Hace: 2 porciones

Ingredientes:

- 4 onzas de pasta linguini
- 2 pechugas de pollo, sin piel, sin hueso y cortadas en mitades
- 2 cucharaditas de condimento cajún
- 2 cucharadas. de mantequilla
- 1 pimiento rojo en rodajas finas
- 4 champiñones, frescos y en rodajas finas
- 1 pimiento verde en rodajas finas
- 1 cebolla verde, picada
- 1 taza de crema espesa
- $\frac{1}{4}$ de cucharaditas. de albahaca, seca
- $\frac{1}{4}$ de cucharaditas. de pimienta limón
- $\frac{1}{4}$ de cucharaditas. de sal
- 1/8 de cucharaditas. de ajo, en polvo
- 1/8 de cucharaditas. de pimienta negra
- $\frac{1}{4}$ taza de queso parmesano, recién rallado

Direcciones:

k) Coloque una olla grande llena de agua con sal a fuego alto. Una vez que el agua comience a hervir, agregue la pasta. Cocine durante 8 a 10 minutos o hasta que estén blandas. Escurrir la pasta y reservar.

l) Coloque el pollo y el condimento cajún en una bolsa Ziploc grande. Agite vigorosamente para cubrir.

m) Luego, coloca una sartén grande a fuego medio. Agregue el pollo y la mantequilla. Cocine durante 5 a 7 minutos o hasta que estén tiernos.

n) Agregue el pimiento rojo en rodajas finas, los champiñones, el pimiento verde en rodajas finas y la cebolla verde en rodajas. Cocine durante 2 a 3 minutos o hasta que estén blandas. Reduce el calor al mínimo.

o) Agregue la crema espesa, la albahaca picada, la pimienta de limón, la sal, el ajo en polvo y la pimienta negra. Revuelva bien para mezclar.

p) Agregue la pasta cocida y revuelva para cubrir. Continúe cocinando por un minuto adicional o hasta que esté bien caliente.

q) Retire del fuego y sirva inmediatamente con una pizca de queso parmesano.

85. Camarones A La Pimienta Alfredo

Hace: 6 porciones

Tiempo total de preparación: 50 minutos

Ingredientes:

- 12 onzas de pasta penne
- ¼ taza de mantequilla
- 2 cucharadas. de aceite de oliva, virgen extra
- 1 cebolla, picada
- 2 dientes de ajo, picados
- 1 pimiento, de color rojo y cortado en cubitos
- ½ libra de champiñones portobello, cortados en cubitos
- 1 libra de camarones, pelados y desvenados
- 1 frasco de 15 onzas de salsa Alfredo
- ½ taza de queso romano, rallado
- ½ taza de crema espesa
- 1 cucharadita. de pimienta de cayena
- pizca de sal y pimienta negra
- ¼ de taza de perejil, fresco y picado

Direcciones:

a) Coloque una olla grande para sopa llena de agua con sal a fuego alto. Una vez que el agua comience a hervir, agregue la pasta. Cocine durante 9 a 11 minutos o hasta que estén blandas. Escurrir la pasta y reservar.

b) Durante este tiempo, coloque una sartén grande a fuego medio. Agregue el aceite de oliva y la mantequilla. Una vez que la mantequilla se derrita, agregue la cebolla. Cocine por 2 minutos o hasta que estén blandas.

c) Agregue el ajo, el pimiento rojo cortado en cubitos y los champiñones. Revuelva para mezclar y cocine por 2 minutos o hasta que esté suave.

d) Agregue los camarones. Revuelva para mezclar y cocine por 4 minutos o hasta que esté suave.

e) Vierta lentamente la salsa Alfredo, el queso rallado y la crema espesa. Revuelva suavemente para mezclar y llevar esta mezcla a fuego lento. Cocine por 5 minutos o hasta que tenga una consistencia espesa.

f) Sazone la mezcla con pimienta de cayena, una pizca de sal y una pizca de pimienta negra.

g) Agregue la pasta cocida y revuelva para mezclar.

h) Retire del fuego y sirva inmediatamente con una guarnición de perejil picado.

86. Lasaña Verde

PARA 6

Ingredientes:

- 1 Pasta Verde
- 5 a 6 tazas de bechamel
- 2 libras de ortigas frescas, o ortigas y espinacas, o ortigas y acelgas, u otra combinación de verduras
- 1 cebolla amarilla mediana, finamente picada
- 2 cucharadas de aceite de oliva virgen extra
- Sal marina y pimienta negra recién molida
- 2 a 3 cucharadas de mantequilla sin sal
- 1 taza de parmigiano-reggiano recién rallado

Direcciones:

a) Primero hacer la masa de pasta.
b) Mientras la masa reposa, hacemos la bechamel.
c) Ahora haga el relleno: recoja las verduras (si usa ortigas, antes de manipularlas con las manos desnudas, blanquéelas para eliminar el aguijón), elimine las verduras amarillas o marchitas y quite las hojas de los tallos duros. Cortar las verduras en tiras.
d) Combine la cebolla y el aceite en el fondo de una cacerola resistente y ponga a fuego medio-bajo. Cocine, revolviendo, hasta que la cebolla esté suave, luego agregue las verduras a puñados, dejando que cada puñado se colapse y se marchite un poco antes de agregar más. Si es necesario, agregue unas cuantas cucharadas de agua hirviendo para evitar que las

verduras se peguen. Agregue sal y pimienta y cocine hasta que las verduras estén listas, de 8 a 10 minutos.

e) Ahora está listo para estirar la pasta, lo que puede hacer con un rodillo y una tabla o con una máquina para hacer pasta. Siga las Instrucciones para la lasaña, colocando las hojas de lasaña cocidas sobre toallas de cocina húmedas como se describe.

f) Ponga el horno a 450°F. Use un poco de mantequilla para engrasar el fondo de una fuente para hornear de 9 x 13 pulgadas o una fuente para lasaña.

g) Extienda un par de cucharadas del relleno verde sobre el fondo del plato, luego coloque una capa de láminas de pasta sobre el relleno. Cubra las hojas de pasta con aproximadamente un tercio del relleno restante, luego extienda un poco de bechamel sobre eso. Espolvorear con parmesano. Agrega otra capa de tiras de pasta y vuelve a cubrir con el relleno, la bechamel y el queso. Continúe haciendo esto hasta que todas las láminas de pasta se hayan agotado. La capa superior debe ser bechamel y queso rallado, salpicada de mantequilla.

h) Hornee durante 15 a 20 minutos, hasta que la parte superior burbujee y esté ligeramente dorada. Retire del horno y deje reposar durante 15 minutos antes de servir.

87. Lasaña de Champiñones con Calabaza

PARA 8 A 10 RACIONES

Ingredientes:

- 1 Masa Básica de Pasta Fresca
- 1½ onzas de hongos porcini secos
- 3 libras de champiñones frescos, incluidos los silvestres, si están disponibles
- ½ taza de aceite de oliva virgen extra
- 1 cucharada de mantequilla sin sal, más un poco más para la fuente de horno y para salpicar la parte superior de la lasaña
- 1 libra de cebolletas, incluidas las cabezas verdes tiernas, o 1 cebolla amarilla mediana, picada muy fina
- 1 diente de ajo, machacado con el lado plano de una cuchilla y picado
- ½ taza de perejil de hoja plana finamente picado
- 1 cucharada de tomillo picado
- Sal marina y pimienta negra recién molida
- 5 tazas de bechamel
- 4 tazas de calabaza de invierno, rallada en los agujeros grandes de un rallador de caja
- ¼ a ⅓ taza de queso parmigiano-reggiano o grana padano rallado

Direcciones:

a) Primero, si usa pasta fresca, haga la masa.
b) Si usa champiñones secos, reconstituirlos; guarde el líquido de remojo colado para agregarlo más tarde, si es necesario.

c) Recoja los champiñones frescos, recortando la arena o las áreas dañadas. Separe las tapas de los tallos. Cortar las tapas y cortar los tallos en dados. (Si usa shiitake o cualquier hongo similar con tallos duros, deseche los tallos).
d) Agregue ¼ de taza de aceite a una sartén y ponga a fuego medio-alto. Agregue las cebollas y el ajo y cocine rápidamente, revolviendo, hasta que las cebollas comiencen a dorarse y dorarse. Agregue los tallos de champiñones cortados en cubitos y los champiñones secos reconstituidos picados. Agrega ¼ de taza de perejil y el tomillo picado. Cocine los champiñones durante 10 a 15 minutos, o hasta que estén bien cocidos; Sazone con sal y pimienta, y revuelva el contenido de la sartén en la bechamel.
e) En una sartén aparte, combine las tapas de champiñones en rodajas con el ¼ de taza de perejil restante, 1 cucharada de aceite y 1 cucharada de mantequilla y cocine suavemente a fuego medio-bajo hasta que los champiñones estén bien cocidos, 7 u 8 minutos. Añadir abundante sal y pimienta al gusto. Dejar de lado.
f) Extiende la pasta lo más delgada que puedas.
g) Lleve a ebullición una olla grande de agua con sal y tenga listo un recipiente con agua helada. Agregue la pasta al agua hirviendo y cocine como se describe en las instrucciones, colocando las hojas de pasta cocidas sobre toallas de cocina limpias.
h) Ponga el horno a 350°F.
i) Unte con mantequilla el fondo y los lados de una fuente para hornear rectangular de 8 x 12 pulgadas que tenga al menos 2 pulgadas de profundidad.
j) Extienda unas cucharadas de bechamel en el fondo de la fuente para hornear, luego agregue una capa de láminas de

pasta. Vierta aproximadamente una cuarta parte de la bechamel en una capa sobre la pasta, luego aproximadamente un tercio de los sombreros de champiñones salteados y un tercio de la calabaza rallada. Espolvorea un par de cucharadas de parmigiano sobre esta capa. Repita estas capas (pasta, bechamel, cabezas de champiñones, calabaza rallada y queso) hasta que la sartén esté llena y el relleno se haya agotado. Para la capa superior, usa lo último de la bechamel, extendiéndola un poco más espesa y untándola hasta los bordes de la sartén para sellar la pasta por dentro.

k) Hornee durante unos 30 minutos, luego aumente el fuego a 400°F. Hornee por otros 10 minutos, o hasta que la lasaña burbujee y la parte superior esté dorada.

l) Retire la lasaña del horno y déjela a un lado durante al menos 10 a 15 minutos, o hasta una hora, en un lugar cálido antes de servir. Esto permite que la lasaña se asiente y facilita el corte y el servicio.

88. Cuscús Palestino

PARA 6 A 8 RACIONES

Ingredientes:

- Un pollo fresco pequeño (2½ a 3 libras), preferiblemente de corral, cortado en 8 piezas
- Sal marina y pimienta negra recién molida
- ½ cucharadita de cardamomo molido
- ½ taza de aceite de oliva virgen extra
- 1 cebolla amarilla mediana, sin pelar
- 4 bayas de pimienta de Jamaica
- Una rama de canela de 2 pulgadas
- 2 hojas de laurel
- anis de 2 estrellas
- Una pizca de cúrcuma molida
- ½ cucharadita de semillas de comino enteras
- 1½ tazas de garbanzos cocidos
- 1 pimiento dulce rojo, cortado y en rodajas finas
- ½ cebolla morada mediana, cortada en lunas (longitudinalmente)
- 2 tazas de maftoul
- ¼ taza de almendras tostadas picadas en trozos grandes
- 3 ramitas de cilantro picadas, para decorar

Direcciones:

a) Frote las piezas de pollo por todas partes con sal, pimienta y el cardamomo. Caliente ¼ de taza de aceite en una olla de fondo grueso a fuego medio. Agregue el pollo y dore bien por todos lados. Retire las piezas de pollo y reserve. Retire la olla del fuego y cuando el aceite esté frío, inclínelo y limpie la olla con toallas de papel para eliminar todos los restos de aceite quemado.

b) Regrese la olla a fuego medio-bajo y agregue el pollo junto con 8 a 10 tazas de agua, suficiente para cubrir el pollo. No pele la cebolla, pero frote la cáscara suelta como papel, luego corte la cebolla por la mitad y agréguela a la olla junto con la pimienta de Jamaica, la rama de canela, las hojas de laurel, el anís estrellado, la cúrcuma y el comino. Tapar la olla y llevar a fuego lento. Cocine a fuego lento durante 1 hora, momento en el que el pollo debe estar listo y muy tierno.

c) Retire el pollo del caldo y reserve. Cuando esté lo suficientemente frío para manipularlo, coloque las piezas en una fuente para horno, preferiblemente una con tapa.

d) Cuele los trozos de especias y hojas de laurel del caldo y deséchelos. Una vez que el caldo se haya enfriado un poco, transfiéralo a un lugar fresco o al refrigerador para que la grasa suba y cuaje. Cuando la grasa esté sólida en la parte superior, quítela con una espumadera y deséchela.

e) Cuando esté listo para continuar, ajuste el horno a temperatura baja, 200° a 250°F.

f) Regrese el caldo desgrasado en la olla a fuego medio y cocine a fuego lento. Cocine a fuego lento, sin tapar, hasta que el caldo se haya reducido a la mitad, es decir, a unas 4 tazas.

g) Retire 1 taza del caldo y viértalo sobre los trozos de pollo en la fuente para horno. Cubra el pollo con una tapa o una hoja de papel de aluminio y transfiéralo al horno para que se caliente mientras prepara el maftoul.

h) Calentar los garbanzos cocidos, si es necesario, añadiendo unas cucharadas de caldo o agua corriente. Llevar a fuego lento a fuego lento, lo suficiente para calentarlos. Mantente caliente mientras terminas el maftoul.

i) En una sartén pequeña, combine las rodajas de pimiento dulce y cebolla con el $\frac{1}{4}$ de taza de aceite restante y saltee suavemente hasta que las rodajas comiencen a ablandarse. Agregue el maftoul y cocine, revolviendo, durante unos 3 minutos solo para tostar ligeramente los granos de maftoul y resaltar su sabor a trigo. Vuelva a llevar el caldo a fuego lento, si es necesario, y agregue el maftoul y las verduras. Cocine a fuego lento, sin tapar, durante 15 minutos o hasta que los granos de maftoul estén tiernos.

j) Acomode el maftoul en un plato, luego coloque los trozos de pollo encima, vertiendo cualquier resto de caldo sobre el maftoul. Finalmente, coloca los garbanzos por encima y decora con las almendras tostadas y el cilantro.

k) Servir inmediatamente.

89. Manicotti rellenos de acelgas

Hace 4 porciones

Ingredientes:

- 12 manicotti
- 3 cucharadas de aceite de oliva
- 1 cebolla pequeña, picada
- 1 manojo mediano de acelgas, tallos duros recortados y picados
- 1 libra de tofu firme, escurrido y desmenuzado
- Sal y pimienta negra recién molida
- 1 taza de anacardos crudos
- 3 tazas de leche de soja natural sin azúcar
- $1/8$ cucharadita de nuez moscada molida
- $1/8$ cucharadita de cayena molida
- 1 taza de pan rallado seco sin sazonar

Direcciones:

a) Precaliente el horno a 350°F. Engrase ligeramente una fuente para hornear de 9 x 13 pulgadas y reserve.

b) En una olla con agua hirviendo con sal, cocine los manicotti a fuego medio-alto, revolviendo ocasionalmente, hasta que estén al dente, unos 8 minutos. Escurrir bien y correr bajo agua fría. Dejar de lado.

c) En una sartén grande, caliente 1 cucharada de aceite a fuego medio. Agregue la cebolla, cubra y cocine hasta que se ablande unos 5 minutos. Agregue las acelgas, cubra y cocine hasta que las acelgas estén tiernas, revolviendo ocasionalmente, aproximadamente 10 minutos. Retire del fuego y agregue el tofu, revolviendo para mezclar bien. Sazone bien con sal y pimienta al gusto y reserve.

d) En una licuadora o procesador de alimentos, muela los anacardos hasta convertirlos en polvo. Agregue 1 1/2 tazas de leche de soya, la nuez moscada, la pimienta de cayena y sal al gusto. Mezclar hasta que esté suave. Agregue las 1 1/2 tazas restantes de leche de soya y mezcle hasta que quede cremoso. Pruebe, ajustando los condimentos si es necesario.

e) Extienda una capa de la salsa en el fondo de la fuente para hornear preparada. Coloque alrededor de 1/3 taza del relleno de acelgas en los manicotti. Coloque los manicotti rellenos en una sola capa en la fuente para hornear. Vierta la salsa restante sobre los manicotti. En un tazón pequeño, combine las migas de pan y las 2 cucharadas de aceite restantes y espolvoree sobre los manicotti. Cubra con papel aluminio y hornee hasta que esté caliente y burbujeante, aproximadamente 30 minutos. Servir inmediatamente.

90. Manicotti De Espinacas Y Salsa De Nueces

Hace 4 porciones

Ingredientes:

- 12 manicotti
- 1 cucharada de aceite de oliva
- 2 chalotes medianos, picados
- 2 paquetes (10 onzas) de espinacas picadas congeladas, descongeladas
- 1 libra de tofu extra firme, escurrido y desmenuzado
- 1/4 cucharadita de nuez moscada molida
- Sal y pimienta negra recién molida
- 1 taza de trozos de nuez tostada
- 1 taza de tofu suave, escurrido y desmenuzado
- 1/4 taza de levadura nutricional
- 2 tazas de leche de soja natural sin azúcar
- 1 taza de pan rallado seco

Direcciones:

a) Precaliente el horno a 350°F. Engrase ligeramente una fuente para hornear de 9 x 13 pulgadas. En una olla con agua hirviendo con sal, cocina los manicotti a fuego medio-alto, revolviendo ocasionalmente, hasta que estén al dente, unos 10 minutos. Escurrir bien y correr bajo agua fría. Dejar de lado.

b) En una sartén grande, caliente el aceite a fuego medio. Agregue los chalotes y cocine hasta que se ablanden, aproximadamente 5 minutos. Exprima las espinacas para eliminar la mayor cantidad de líquido posible y agréguelas a los chalotes. Sazone con nuez moscada y sal y pimienta al gusto, y cocine durante 5 minutos, revolviendo para mezclar los sabores. Agregue el tofu extra firme y revuelva para mezclar bien. Dejar de lado.

c) En un procesador de alimentos, procese las nueces hasta que estén finamente molidas. Agrega el tofu suave, la levadura nutricional, la leche de soya y sal y pimienta al gusto. Procese hasta que quede suave.

d) Extienda una capa de la salsa de nuez en el fondo de la fuente para hornear preparada. Rellena los manicotti con el relleno. Coloque los manicotti rellenos en una sola capa en la fuente para hornear. Vierta la salsa restante encima. Cubrir con papel aluminio y hornear hasta que esté caliente, unos 30 minutos. Destape, espolvoree con pan rallado y hornee 10 minutos más para dorar ligeramente la parte superior. Servir inmediatamente.

91. Pasta Rellena De Berenjena Y Tempeh

Hace 4 porciones

Ingredientes:

- 8 onzas de tempeh
- 1 berenjena mediana
- 12 conchas de pasta grandes
- 1 diente de ajo, machacado
- 1/4 cucharadita de cayena molida
- Sal y pimienta negra recién molida
- Pan rallado seco sin sazonar
- 3 tazas de salsa marinara, casera

Direcciones:

a) En una cacerola mediana con agua hirviendo, cocina el tempeh durante 30 minutos. Escurrir y dejar enfriar.

b) Precaliente el horno a 450°F. Perfore la berenjena con un tenedor y hornee en una bandeja para hornear ligeramente engrasada hasta que esté suave, aproximadamente 45 minutos.

c) Mientras se hornean las berenjenas, cocine las conchas de pasta en una olla con agua hirviendo con sal, revolviendo ocasionalmente, hasta que estén al dente, aproximadamente 7 minutos. Escurrir y correr bajo agua fría. Dejar de lado.

d) Retire la berenjena del horno, córtela por la mitad a lo largo y escurra el líquido. Reduzca la temperatura del horno a 350°F. Engrase ligeramente un molde para hornear de 9 x 13 pulgadas. En un procesador de alimentos, procese el ajo hasta que esté finamente molido. Agregue el tempeh y pulse hasta que esté molido grueso. Raspe la pulpa de berenjena de su cáscara y agréguela al procesador de alimentos con el tempeh y el ajo. Agregue la cayena, sazone con sal y pimienta al gusto y pulse para combinar. Si el relleno está flojo, agregue un poco de pan rallado.

e) Extienda una capa de la salsa de tomate en el fondo de la fuente para hornear preparada. Rellenar las conchas con el relleno hasta que estén bien compactadas.

f) Coloque las conchas encima de la salsa y vierta la salsa restante sobre y alrededor de las conchas. Cubrir con papel aluminio y hornear hasta que esté caliente, unos 30 minutos. Destape, espolvoree con queso parmesano y hornee 10 minutos más. Servir inmediatamente.

92. Ravioli De Calabaza Con Guisantes

Hace 4 porciones

Ingredientes:

- 1 taza de puré de calabaza en lata
- ½ taza de tofu extra firme, bien escurrido y desmenuzado
- 2 cucharadas de perejil fresco picado
- Una pizca de nuez moscada molida
- Sal y pimienta negra recién molida
- 1*Masa de pasta sin huevo*
- 2 o 3 chalotes medianos, cortados por la mitad a lo largo y cortados en rodajas de 1/4 de pulgada
- 1 taza de guisantes congelados, descongelados

Direcciones:

a) Use una toalla de papel para secar el exceso de líquido de la calabaza y el tofu, luego combine en un procesador de alimentos con la levadura nutricional, el perejil, la nuez moscada y sal y pimienta al gusto. Dejar de lado.

b) Para hacer los ravioles, extienda la masa de pasta finamente sobre una superficie ligeramente enharinada. Cortar la masa en

c) tiras de 2 pulgadas de ancho. Coloque 1 cucharadita colmada de relleno en 1 tira de pasta, aproximadamente a 1 pulgada de la parte superior. Coloque otra cucharadita de relleno en la tira de pasta, aproximadamente una pulgada por debajo de la primera cucharada de relleno. Repita a lo largo de toda la longitud de la tira de masa. Humedezca ligeramente los bordes de la masa con agua y coloque una segunda tira de pasta encima de la primera, cubriendo el relleno. Presione las dos capas de masa entre las porciones de relleno.

d) Usa un cuchillo para recortar los lados de la masa para que quede recta, luego corta la masa entre cada montículo de relleno para hacer raviolis cuadrados. Asegúrese de eliminar las bolsas de aire alrededor del relleno antes de sellar.

e) Use los dientes de un tenedor para presionar a lo largo de los bordes de la masa para sellar los raviolis. Transfiera los raviolis a un plato enharinado y repita con la masa restante y la salsa. Dejar de lado.

f) En una sartén grande, caliente el aceite a fuego medio. Agregue los chalotes y cocine, revolviendo ocasionalmente, hasta que los chalotes estén dorados pero no quemados, aproximadamente 15 minutos. Agregue los guisantes y sazone con sal y pimienta al gusto. Mantener caliente a fuego muy bajo.

g) En una olla grande con agua hirviendo con sal, cocine los ravioles hasta que floten en la parte superior, aproximadamente 5 minutos. Escurra bien y transfiera a la sartén con los chalotes y los guisantes. Cocine por uno o dos minutos para mezclar los sabores, luego transfiéralo a un tazón grande para servir. Sazone con mucha pimienta y sirva inmediatamente.

93. Ravioli De Alcachofa Y Nueces

Hace 4 porciones

Ingredientes:

- ¹/3 taza más 2 cucharadas de aceite de oliva
- 3 dientes de ajo, picados
- 1 paquete (10 onzas) de espinacas congeladas, descongeladas y exprimidas
- 1 taza de corazones de alcachofa congelados, descongelados y picados
- ¹/3 taza de tofu firme, escurrido y desmenuzado
- 1 taza de trozos de nuez tostada
- ¹/4 taza de perejil fresco bien empaquetado
- Sal y pimienta negra recién molida
- 1*Masa de pasta sin huevo*
- 12 hojas de salvia fresca

Direcciones:

e) En una sartén grande, caliente 2 cucharadas de aceite a fuego medio. Agregue el ajo, las espinacas y los corazones de alcachofa. Tape y cocine hasta que el ajo esté suave y el líquido se absorba, aproximadamente 3 minutos, revolviendo ocasionalmente. Transfiere la mezcla a un procesador de alimentos. Agrega el tofu, 1/4 taza de nueces, el perejil y sal y pimienta al gusto. Procese hasta que esté triturado y bien mezclado.

f) Ponga a un lado para enfriar.

g) Para hacer los ravioles, extienda la masa muy delgada (alrededor de 1/8 de pulgada) sobre una superficie ligeramente enharinada y córtela en tiras de 2 pulgadas de ancho. Coloque 1 cucharadita colmada de relleno en una tira de pasta, aproximadamente a 1 pulgada de la parte superior. Coloque otra cucharadita de relleno en la tira de pasta, aproximadamente 1 pulgada por debajo de la primera cucharada de relleno. Repita a lo largo de toda la longitud de la tira de masa.

h) Humedezca ligeramente los bordes de la masa con agua y coloque una segunda tira de pasta encima de la primera, cubriendo el relleno.

i) Presione las dos capas de masa entre las porciones de relleno. Usa un cuchillo para recortar los lados de la masa para que quede recta y luego corta la masa entre cada montículo de relleno para hacer ravioles cuadrados. Use los dientes de un tenedor para presionar a lo largo de los bordes de la masa para sellar los raviolis. Transfiera los ravioles a un plato enharinado y repita con la masa restante y el relleno.

j) Cocine los raviolis en una olla grande con agua hirviendo con sal hasta que floten en la parte superior, aproximadamente 7 minutos. Escurrir bien y dejar reposar. En una sartén grande, caliente el 1/3 de taza de aceite restante a fuego medio. Agregue la salvia y los $\frac{3}{4}$ de taza de nueces restantes y cocine hasta que la salvia se vuelva crujiente y las nueces se vuelvan fragantes.

k) Agregue los ravioles cocidos y cocine, revolviendo suavemente, para cubrir con la salsa y calentar. Servir inmediatamente.

CARPACCIO

94. Carpaccio de rabo amarillo japonés

Ingredientes

- 5 piezas x 4 jurel japonés, en rodajas finas
- 1 cucharadas de aceite de oliva
- 1 cucharadita de jugo de cítricos Kabosu (alternativamente, use jugo de limón o lima)
- 1 cucharada de aderezo de aojiso (perilla verde)
- Sal y pimienta para probar
- Queso parmesano, al gusto

Direcciones

a) Aliñar los trozos de jurel japonés de manera uniforme con aceite de oliva, jugo de cítricos kabosu, aderezo de aojiso y sal y pimienta. Espolvorear con queso parmesano al gusto.

b) Adorne con perejil para servir.

95. Carpaccio de lenguado japonés

2 porciones

Ingredientes

- 1 paquete de sashimi de lenguado japonés
- 1 tomate grande
- 1 cebolla verde
- 1 cucharada de jugo de limón
- 1 cucharadas de aceite de oliva
- 1 cucharadita de sal

Direcciones

j) Cortar el sashimi de lenguado en rodajas finas. Si está precortado, utilícelo tal cual. Es mejor cuando el sashimi se corta finamente.

k) Cortar los tomates en cubos de 1 cm. Si usa tomates cherry, córtelos en cuartos. Picar finamente las cebollas verdes.

l) Coloque la platija, el tomate y las cebollas verdes en un plato.

m) Combine los ingredientes (pruebe y agregue más sal si es necesario) y vierta la mezcla sobre el plato para terminar. ¡Enfríalos en el refrigerador hasta que sea el momento de servir!

96. Lenguado Japonés Sakura Carpaccio

4 porciones

Ingredientes

- 100 gramos Pescado blanco como lenguado japonés o besugo
- 12 flores Flores de sakura saladas
- 1 Cucharadas ☆Aceite de oliva virgen extra
- 1 cucharaditas ☆Vino blanco
- 1 guión ☆Wasabi
- 1 chorrito de salsa de soja, sal
- 1 brotes o cebollas verdes finas

Direcciones

a) Cortar el sashimi en láminas finas y disponerlo en un plato.

b) Asegúrate de que las rebanadas de sashimi no se superpongan. Tome la mitad de la sakura salada y sumérjala en agua durante 2 minutos para eliminar el exceso de sal. Desala el resto de la sakura por completo.

c) Picar finamente el sakura ligeramente desalado, combinarlo con los ☆Ingredientes y mezclar bien Añadir una gota de salsa de soja y sal al gusto.

d) Vierta la mezcla del Paso 2 sobre el sashimi. Adorne con sakura decorativa y brotes para terminar.

97. Carpaccio de Nabo al Estilo Japonés

Ingredientes

- 1 nabo
- 1 hojas de nabo
- 1 pizca de sal
- 1 pizca Copos de Bonito
- 1 cucharada de Ponzu
- 1 pizca de ajo rallado
- 1 cucharadita de aceite vegetal

Direcciones

a) Cortar el nabo en rodajas finas con una mandolina. Picar las hojas de nabo en trozos pequeños y espolvorear sal. Una vez que se marchiten y ablanden, exprima el exceso de agua.

b) Coloque el nabo en un plato y esparza las hojas de nabo encima. Mezclar bien los ingredientes y rociar por encima.

c) Espolvorear hojuelas de bonito al final y listo.

98. Carpaccio de Ternera, Estilo Japonés

PORCIONES 4

Ingredientes

- 500 g de filete de res, trata de conseguir un trozo más largo y delgado si es posible
- 2-3 rábanos tiernos en rodajas muy finas
- ½ manzana Granny Smith o Braeburn en rodajas finas y cortada en palitos
- ½ zanahoria rallada o cortada en palitos muy finos (opcional)
- hojas de cilantro puñado pequeño

aderezo japonés

- ⅓ taza de jugo de lima o limón recién exprimido
- ⅓ taza de salsa de soya ligera use tamari para sin gluten
- 2 cucharaditas de aceite de sésamo
- 2 cucharaditas de mirin o azúcar
- 1 cucharada de aceite de oliva virgen extra
- 1 chalote finamente picado
- 1 guindilla roja finamente picada (opcional)

Direcciones

d) Calentar un poco de aceite en una sartén a fuego medio-alto. Sazone el filete de ojo con sal y pimienta negra recién molida y dore durante 45 segundos por todos lados, de modo que el centro aún esté crudo. Retire y deje reposar (y enfriar) durante 10 minutos. Coloque un trozo de film transparente, aproximadamente a la longitud de un brazo, sobre el banco y envuelva el filete de ojo en una bonita forma cilíndrica, torciendo los extremos del film transparente para asegurarlo. Congele el filete de ojo envuelto durante al menos 3 horas hasta que esté muy firme.

e) Retire la película adhesiva del filete de ojo y córtela en rodajas muy finas con un cuchillo afilado (córtelas lo más finas que pueda). Nota: si se congeló durante la noche, déjelo descongelar durante 20 minutos en el banco para que sea más fácil de cortar.

f) Para hacer el aderezo, combine el jugo de lima o limón, la salsa de soja, el aceite de sésamo, el mirin o azúcar, el aceite de oliva virgen extra, la chalota y el chile.

g) Para armar, coloque rebanadas de carne de res y rábano alrededor de los platos, superponiéndolas ligeramente. Coloque una pequeña pila de berros, zanahoria y manzana en el medio y vierta un par de cucharadas del aderezo sobre la carne. Sirva inmediatamente: la carne estará a la temperatura perfecta, debe estar fría pero no congelada.

99. Carpaccio de tataki de ternera

Sirve 2-3

Ingredientes

- 300 g de lomo de res
- 3-4 cucharadas de salsa de soja
- 2 cucharadas de mirin
- 2 cucharadas de sake
- 1 cucharada de azúcar (opcional)

para las coberturas

- 1/2 cebolla
- lechuga
- cebolleta
- Tomates
- berro
- hojas de perilla shiso
- Ponzo

Cómo preparar

a) Saca la carne de la nevera y déjala reposar a temperatura ambiente. Calentar una sartén. Cepille ligeramente la carne con aceite vegetal y sazone con sal y pimienta. Dore la carne por cada lado hasta que se dore uniformemente.

b) Limpie el exceso de aceite de la sartén y agregue mirin, sake y azúcar y cocine por unos minutos. Agregue la salsa de soya y continúe cocinando durante 3-5 minutos más, revolviendo ocasionalmente. Dejar enfriar y poner la carne y la salsa en una bolsa con cierre y dejar en el frigorífico.

c) Prepara las verduras de tu elección. Cortar la carne en rodajas muy finas y servir con las verduras encima. Vierta la salsa sobre la carne y las verduras. Disfrutar.

100. Carpaccio de Kanpachi (Kanpaccio)

Rendimiento: 2 porciones

Ingredientes

- 120 gramos de kanpachi
- 2 cucharadas de aceite de oliva (suave y afrutado)
- 2 pizcas de sal Mojito (o tu sal de acabado favorita)
- Pecorino Romano (al gusto)
- polvo de sansho (al gusto)
- ralladura de lima (al gusto)
- cilantro

Direcciones

a) Use un cuchillo afilado para cortar el Kanpachi lo más delgado posible y cubra el fondo de un plato plano con el pescado.

b) Para hacer el carpaccio de kanpachi, corte el pescado lo más fino posible con un cuchillo largo y afilado y luego cubra el fondo de un plato plano con el pescado.

c) Rocíe el Kanpachi con aceite de oliva.

d) Kanpachi rociado con buen aceite de oliva para hacer carpaccio de kanpachi.

e) Espolvorea uniformemente con sal.

f) Kanpachi rociado con aceite de oliva y espolvoreado con sal marina.

g) Rallar un poco de Pecorino Romano por encima.

h) Kanpachi y aceite de oliva con Pecorino Romano rallado encima.

i) Espolvoree un poco de polvo de sansho uniformemente en la parte superior.

j) Termine con un poco de ralladura de lima y algunas hierbas.

CONCLUSIÓN

Si bien puede parecer un concepto extraño venir a Japón y comer comida italiana, definitivamente vale la pena tomarse un descanso de la comida japonesa tradicional para probar la comida ítalo-japonesa. Es una experiencia deliciosamente reveladora en el maridaje de dos cocinas únicas y una demostración intrigante de la habilidad japonesa en la cocina. Esta fantástica fusión de comida japonesa e italiana es en realidad tan efectiva con la bebida como con la comida, donde la baja acidez del sake resalta los sabores umami en la comida italiana y lo convierte en un buen sustituto del vino. Explore la lista completa de restaurantes italianos en Japón de Savor Japan para probar esto.

www.ingramcontent.com/pod-product-compliance
Lightning Source LLC
Chambersburg PA
CBHW070503120526
44590CB00013B/733